I知人
 cons

胶囊式传记 记取一个天才的灵魂

JOSEPH BEUYS
CLAUDIA MESCH

约瑟夫·博伊斯

〔美〕克劳迪娅·梅施 著　张蕴艳 译

上海文艺出版社

献给弗朗西斯科·J. 索利斯

目录

导言 001

1 坏爸爸 013

2 危机与天主教 037

3 表演、自传、"生命历程/工作历程" 053

4 浪漫主义科学、医学和萨满教 079

5 激进主义与政党政治 099

6 艺术家的形象与"街区" 125

参考书目 139

致谢 147

导言

本书探讨了20世纪后期最重要也是最富争议的德国艺术家约瑟夫·博伊斯的生平、艺术和表演。博伊斯毫无疑问是战后与重新统一后的德国最具问题意识的当代艺术家。比起其他艺术家,他个人的人格和艺术都与德国法西斯的过去紧密地交织在一起。在博伊斯的传记界,他曾既被尊为圣徒,又遭受严厉的指责:自他去世以来,超过六部独立的传记和自称曝光的作品是关于该艺术家的,其中包括众多的英译本。[1]

---

[1] 这些文献最新的补充是汉斯-彼得·里格尔(Hans-Peter Riegel)的《博伊斯:传记》(柏林,2013年)。里格尔是一位广告经理和自学成才的艺术家,曾一度担任约尔格·伊门多夫的助理,他的结论是博伊斯一生都在与"纳粹"交往,并在其艺术哲学中发展了法西斯主义思想。里格尔的这本八卦小册子重现了艺术史学家本杰明·H. D. 布赫罗赫(Benjamin H. D. Buchloh)和比特·威斯(Beat Wyss)以及记者弗兰克·吉塞克(Frank Gieseke)和阿尔伯特·马克特(Albert Markert)早先关于博伊斯与法西斯意识形态的可能关联点的论断。

即使在这个联邦共和国作为欧盟的一个重要成员开启一个新时代的时候，博伊斯这个人仍然持续地引发人们的愤怒和否定。许多德国人只想对博伊斯这个人盖棺论定——"永远的希特勒青年"，就像评论家比特·威斯称呼的那样。艺术家博伊斯，以及他全部的个人艺术作品，通常对门外汉来说吸引力不大，甚至对许多艺术评论家来说也是如此。当非专业人士面对当代艺术的挑战时，博伊斯的艺术通常都是如此，对许多人来说，要解释或赋予博伊斯传奇之外的意义仍然太难了。他的雕塑、物品、"多元"系列和表演要么被忽视，要么被说成是"不可理解的"，以支持对博伊斯自己关于艺术、政治或其他很多事情的陈述进行严格的审查或驳斥。由于在他的一生中，博伊斯似乎是一个永不枯竭的演讲者、评论家，甚至对他自己的艺术和世界观夸夸其谈，这方面有大量的资料可供博伊斯的揭秘者使用。而对另一些人来说，艺术家和艺术比这个人本身更有趣。然而，博伊斯的确接受了许多见多识广的观众的观点，认为其作品带有传记色彩的倾向，因为有一段时间，他强调自己所谓的"关键经验"（key experiences）在理解其艺术上的中心地位。除了博伊斯在他的作品中广泛使用的脂肪和毛毡等陈旧的材料外，大量博伊斯的艺术作品在内容上是自传性的，因为它们涉及他描述的"关键经验"。其中最不可思议的是，他自我编造的关于拯救和救赎的传奇，在许多人看来，仍然是一个非常不合适的或有罪的幻想，甚至是一个彻头彻尾的谎言，因为它表现的是在二战的悲惨背景下，与一个德国士兵或"纳粹"共存活。有人认为他只是从卡尔·梅（Karl May）的著作中剽窃了他的传奇，也有人认为他剽窃了其他艺术家的大量作品。他的许多传记作者和评论家都希望揭露"真实的"博伊斯，这也促成了博伊斯身后故事的构建。

人们对博伊斯作品的赞美是最近才有的。在博伊斯有生之年，很少有主流的艺术机构和艺术界有影响力的人物认真对待他和他的艺术。导致对博伊斯的理解滞后的另一个原因是博伊斯艺术活动的广度和复杂度。这种复杂性使得学者和策展人不得不花多年时间来研究。博伊斯是一个独特的知识分子，他以反现代的方式在艺术、科学和精神领域这些看似与反现代毫无关联的领域工作。博伊斯的关注点似乎是分散的，并且在他几十年的活动中似乎在不断变化，这可能被误解为是他优柔寡断或前后矛盾的某些迹象。

即使到了20世纪70年代末，博伊斯成为了国际媒体的偶像，但他仍然承受着西德官方和社会公众前所未有的敌意，最终导致了针对他的人身暴力。博伊斯遭受身体暴力和其他极端措施的几个决定性时刻的证据，直接指向这位艺术家在西德的职业生涯：1964年在亚琛的表演中受到人身攻击；1969年在西柏林又遭攻击；最后，在1972年杜塞尔多夫艺术学院他被解除了终身学术职位。（博伊斯在被解雇后起诉且打赢了官司,于1978年复职。)

1964年,博伊斯参加了20世纪60年代最重要的西德表演节,即7月20日在亚琛理工大学礼堂举行的"新艺术节",后来被电视台转播。当晚的音乐会可以说是激浪派(Fluxus)第一次也可能是唯一一次面向普通大众的、非艺术的、甚至是不成熟的音乐会,因此,观赏的学生是非精英艺术专业的。音乐会陷入混乱,因为观众不断干扰艺术家的表演,最终导致艺术家和观众之间的混战,警察进入观众席并提前结束了活动。后来,两个团体——一个是地方团体,另一个是学生团体——对艺术家和ASTA(学生管理组织)提起刑事诉讼,指控他们"妨害公众利益"和"诽谤",并于同年进行了审判。[1]

就像更早期的激浪派音乐会一样,十位艺术家也参与了这次活动;只有一位美国艺术家参与其中——艾美特·威廉姆斯(Emmett Williams)。人们可以把这场音乐会看作是激浪派在欧洲的一种早期的、独特的解释。根据亚当·奥勒斯(Adam Oellers)和西比尔·斯皮格尔(Sibille Spiegel)重构的叙述,这次活动的参与者很多。一些业余爱好者把这一事件拍了下来,后来西德广播电台(WDR)用它编撰了一篇耸人听闻的报道,在1964年9月7日的西

---

[1] 亚当·奥勒斯,"边界上的激浪派:亚琛,1964年7月20日",载于《从贝克曼到里希特的德国艺术》(科隆,1997),编辑:E. 吉伦(E. Gillen),第201页。

部电视台（Prisma des Westens）节目中播出。[1] 西德广播电台的节目重申了纸媒不加考虑的观点，为学生的暴力行为辩护，并将事件归咎于艺术家。[2]

这一事件的发生日期，7月20日，是该大学武断而不动脑筋地确定下来的。1944年的这一天是希特勒曾遭暗杀的日子，也是抵抗运动历史上的一个里程碑。然而，没有证据表明艺术家之间在这一关节点上的计划有任何协商或沟通。[3] 当晚的晚会计划是一个激浪派的同步演出，由不同的表演者同时表演几个作品。重构的片子是混乱的，很难区分演员的声音和观众的声音，有时甚至表演者的动作也很难区分。

在他们的表演作品中，包括沃尔夫·沃斯特尔（Wolf Vostell）、巴宗·布洛克、埃里克·安徒生和亨宁·克里斯蒂安森（Henning Christiansen）在内的几位艺术家都提到了第二次世界大战和第三帝国的事件。博伊斯在他的表演中没有直接谈到最新发生的事，直到他意外地受到人身攻击才提起。电视台报道了博伊斯的表演，很可能是由于他被涌上舞台的人群中的一名学生殴打这一戏剧性事件。事实上，这只是当晚观众传达出的许多无礼行为中的一例。当

---

[1] 这段视频被存放在新柏林艺术协会的视频档案馆中。
[2] 奥勒斯，"激浪"，第202—203页，n. 13。另见阿德里亚尼、康纳兹和托马斯（Götz Adriani, Winfried Konnertz and Karin Thomas），《约瑟夫·博伊斯：生活与作品》（纽约，1979），第112—114页。
[3] 奥勒斯，"激浪"，第200页。

晚一开始，博伊斯就在明显以激浪派为导向的表演和舞台上的一种物件制作过程之间切换，后者与激浪派毫无关系，在他自己的表演中也没有先例。这部片子表明，在这第二轮行动中，观众制造的麻烦加剧了。博伊斯站在舞台边缘的一个烤炉前，检查它的热度，开始融化人造黄油，之后他将其放入一个盒子形状的模具中。然后学生们猛击他，其中一个人在他脸上反复打了几拳（一些描述说博伊斯回击了，尽管在片子中很难辨认出来）。[1] 在片子中，博伊斯在一大群学生中为自己辩护。另一些人赶紧制止斗殴，事件很快就结束了。博伊斯的鼻子因为打斗而流血，他面对着摄像机，举起了一个十字架，另一只手臂以模棱两可的角度举着，可能是在致敬。虽然这一举动在当时似乎进一步激怒了学生观众，但它最终变成了一张有力而独特的表演照片，帮助博伊斯开启了自己的职业生涯。博伊斯对何时以及如何在这样的时刻进入镜头有了直觉上的把握。他对表演摄影的使用与其他激浪派表演者有很大的不同，后者则相反，他们致力于一种通常可以被描述为具体的表演美学，这种美学避开了象征主义和戏剧性的姿势，而这些姿势通常组成了博伊斯的行为艺术。

在那一年晚些时候的一次采访中，博伊斯说：

---

[1] 博伊斯的叙述见卡罗琳·蒂斯达尔（Caroline Tisdall）《约瑟夫·博伊斯》，（纽约，1979），第91—92页。另见乌韦·施尼德（Uwe M. Schneede）《约瑟夫·博伊斯：行为——带注释的工作图纸与照片文件》（奥斯特菲尔德-鲁特，1994），第48页。

当我把所有的东西都放在亚琛时，我确实有这样的感觉，这可能会引起一些反应，但我没有料到会发生这样的爆炸性的反应。不管这些手段多么原始，它们似乎有能力转移人们的情感领域，而在此之前，人们对人类的苦难、疾病、贫困、集中营等最可怕的描述几乎从未触及过这些领域。行为、事件和激浪派当然会释放出新的冲动，我们希望这些冲动能在许多领域创造出更好的关系。然后从这个重新赢得的认识阶段，新的目标将依次出现。这就是进化。[1]

1969年，在西柏林艺术学院（West Berlin Akademie der Künste）举办的激浪风格的音乐会"我想让你自由"[I Am Trying to Set (Make) You Free]上，博伊斯再次遭到了人身攻击，又是在学生观众面前。这个亨宁·克里斯蒂安森参与演出的音乐会只进行了十分钟就停止了。[2] 从一开始，观众就挤满了舞台，破坏他们在那里发现的东西——几架钢琴、一个电影荧幕和舞台幕布。最后，一个学雕塑的学生把一根消防水龙放在舞台上，又放到留在台下的观众中。正如照片所示，博伊斯试图表演他的作品《öö》，这是一种他在早期表演中使用过的咩咩叫的声音。克里斯蒂

---

[1] 蒂斯达尔，《约瑟夫·博伊斯》，第90—92页。
[2] 这场演出和它的"重来"——次月在门兴格拉德巴赫博物馆为更有礼貌的观众重演并完善了原来的演出——见施尼德《约瑟夫·博伊斯：传记》，第224—227、232—235页。

安森继续拉他的小提琴，用了麦克风，直到既不能被听见，也不能被看见。从事件的照片中可以清楚地看出，克里斯蒂安森和博伊斯拒绝退场，并试图继续下去。这场演出的反响和它在西柏林的失败，重演了1964年亚琛演出中一些由于时间安排上的不慎而导致的问题：1969年2月27日，在西柏林，同一天，美国总统、越战的象征性代表理查德·尼克松抵达西柏林进行国事访问。当天，警方将成百上千名学生抗议者控制在大学校园内，到了傍晚时分，学生中流传着一种阴谋论的说法，认为博伊斯、克里斯蒂安森的表演是为尼克松的访问打掩护。

这种对博伊斯的人身攻击是由比他晚两代出生的学生进行的。就像对博伊斯的艺术和印刷品中的个人的排斥一样，这些攻击是一场激烈的代际冲突的一部分，尤其是那些出生在后法西斯时代的德国人。这种愤怒一直延续到今天，不仅可以追溯到人们对博伊斯艺术的接受分歧，还可以追溯到围绕着他的生活和政治的新争议。综上所述，可以证明博伊斯的艺术作品在他生前和死后对西德公众造成的极度不安和困扰。相比之下，博伊斯还是在20世纪70年代末就开始在德意志民主共和国（GDR）受到了地下的热烈欢迎，尽管这种欢迎在相当程度上是被推迟了。1988年，博伊斯在东德的唯一一次展览是在他死后于东柏林艺术学院画廊举办的其早期绘画作品展。1984年4月，博伊斯被拒绝进入德意志民主共和国演出，因为他计划与艺术史学家奥根·布鲁姆（Eugen Blume）和艺术家埃哈德·蒙登（Erhard Monden）在德累斯顿举行联合演出。这个亲临现场的活动是基于前一年这两位艺术家之间已经开始的跨界表演，他计划将之作为一个"积极有效"的传播的巅峰之作。[1] 除了他的政治观点——一些东德艺术家认为这是一种深刻意义上的社会主义——之外，博伊斯对东德艺术家的兴趣和与他们的合作，似乎激发了他在柏林墙另一边的艺术界早期的积极声誉。

本书探讨了博伊斯广泛的艺术创作中两条主要线索：第一，分裂的创伤经验对他的艺术和生活的重要意义；第二，他对艺术本身概念的持续扩展。博伊斯的人生经历与另外两位德国艺术家和上一代的退伍军人有相似之处。马克斯·恩斯特（Max Ernst）和威廉·莱姆布鲁克（Wilhelm Lehmbruck），这两位都是他效仿的对象。和这两位艺术家一样，博伊斯的生活和艺术观念也源于战争的身体创伤和濒死体验。这一创伤导致了博伊斯在20世纪50年代严重的个人危机。正如许多人注意到的那样，博伊斯压制了他在二战中的真实经历，因为除了在1976年接受乔治·贾佩（Georg Jappe）的"关键经验"采访外，他从未公开谈论过自己的战争经历或纳粹时代。然而，可以说，他在战争中

---

[1] 关于博伊斯对东德艺术家的影响，请参阅奥根·布鲁姆，"约瑟夫·博伊斯和东德"，见《约瑟夫·博伊斯：读者》，编辑：C. 梅施和V. 米歇利（剑桥，马萨诸塞州和伦敦，2007），第304—319页。

的岁月总体上决定了他对精神、科学和政治理念的一贯承诺，即通过艺术和表演来实现和平变革和积极转变。

在致力于这种社会变革中，以及在20世纪50年代学习艺术的过程中，博伊斯关注的是天主教的一些教义。后来，随着他的观点越来越世俗化，博伊斯模仿并采纳了另一位精神思想家鲁道夫·施泰纳（Rudolf Steiner）的思想，以及他的类人智学思想。在这方面，博伊斯加入了一大批受施泰纳观点影响的现代主义者的行列，其中包括皮特·蒙德里安（Piet Mondrian）、瓦西里·康定斯基（Wassily Kandinsky）、伊迪丝·玛丽安（Edith Maryon）、弗朗茨·马克（Franz Marc）、阿列克谢·乔文斯基（Alexej Jawlensky）、勒·柯布西耶（Le Corbusier）、弗兰克·劳埃德·赖特（Frank Lloyd Wright）、索尔·贝娄（Saul Bellow）和豪尔赫·路易斯·博尔赫斯（Jorge Luis Borges）。以他对施泰纳鲜明的现代主义精神的热情，博伊斯的创伤经历促使他大力拓展艺术，使他之后的艺术家得以以一种完全跨学科的方式工作，并完全接纳关于艺术和文化的人类学结论。

博伊斯将创造力的力量理解为人类最重要和最普遍的特征。他以激进民主的方式，设想了一个总体性的"扩展的艺术概念"，将人类所有的努力、所有的知识领域都理解为艺术的本质。在他对非常规材料和展示手段的拥抱中，他不仅从隐喻的角度（"社会雕塑"）拓展了雕塑的媒介，而且在他的雕塑作品中，特别是在摭拾物艺术和成品艺术、玻璃橱窗、装置艺术，当然还有行为艺术等方面都进行了拓展。除了这些艺术理论的正式探索，博伊斯还在他的艺术中加入了其他活动，如教育、基层和政党政治、行动主义、科学及其过程，以及神学和灵性领域。

与他之前的查尔斯·波德莱尔和古斯塔夫·库尔贝一样，博伊斯把艺术视为一种恢复集体经验的方式，其中包括通过回忆来联系过去的能力。在探索他的表演仪式的各个方面时，博伊斯希望与一种更早的仪式体验形式建立联系，这种仪式体验明确表达了超越的时刻，或个人神学救赎的时刻。博伊斯为重新获得经验而设计的仪式元素还包括刺激一个在思想上和政治上都很活跃的观众社群的形成。然而，对博伊斯来说，波德莱尔作为回忆录的一部分强调的记忆数据——与早期生活方式的联系（以一种类似于集体无意识的方式）——包含了那些无法在德国近代历史中幸存下来的人的记忆。通过他的艺术，博伊斯在战后世界中表现了他对精神解决方案的渴望，以及综合伦理学和科学的渴望。

通过20世纪70年代的展览和旅行，博伊斯将艺术世界从其既定的中心扩展到边缘地区，如苏联和贝尔格莱德等。他通过对凯尔特文化的探索，以及在都柏林和贝尔法斯特的活动，来关注爱尔兰的冲突问题。对当代艺术的拓展仍然是博伊斯最伟大的遗产。他的行动主义的艺术观念不仅已经成为一种广泛的实践,而且在 21 世纪的当代艺术中占有主导地位。事实上,博伊斯已经成为(西方)艺术世界的一个标志——中国艺术家李占洋 2007 年的雕塑作品《租》就是明证。

1 坏爸爸

"我想再一次从伤口开始。"

约瑟夫·博伊斯,《谈论自己的国家:德国》

从他的许多声明和艺术作品中可以看出,约瑟夫·博伊斯在第二次世界大战中服兵役,以及他在战争期间所受的重伤,构成了他个人和艺术生活中最具影响性的事件。即使是一些最严厉的批评家也承认,这位艺术家可能患有某种形式的创伤后应激障碍,而这种情况是他精神崩溃或个人"危机"的催化剂,这种危机始于1949年。[1] 正如许多艺术史学家所认识到的那样,1964年开始,自传成为博伊斯艺术创作的一个主要焦

---

[1] 例如,正如伯恩哈德·舒尔茨(Bernhard Schulz)在"艺术遗产:博伊斯之战"所指出的[《艺术报》,251(2013年11月),第68页],戈尔茨·阿德里亚尼(Götz Adriani)对博伊斯崩溃的描述是在1955至1957年,见阿德里亚尼、康纳兹和托马斯,《约瑟夫·博伊斯:生活与作品》,翻译:莱赫(P. Lech,纽约,1979),第54—55页。卡罗琳·蒂斯达尔后来指出,博伊斯的个人危机始于1949年,持续时间更长,见《约瑟夫·博伊斯》(纽约,1979),第21页。

点，以他小说化的"生命历程/工作历程"文件形式出现。博伊斯在1970年放弃了这份文件，相反，他似乎把注意力集中在记忆和自己的过去上，在1969年至1970年期间进行了一系列重要的采访。[1] 在这些采访中提出的许多主张后来在卡罗琳·蒂斯达尔为博伊斯1979年在纽约古根海姆博物馆的展览制作的目录中被重复了一遍，也在国际上引起了相当大的关注。这些记述建构了博伊斯神话，或者如彼得·尼斯贝特（Peter Nisbet）所说的"故事"。

博伊斯不断努力将艺术定位为一种手段，使他能够联系或分享他的童年和他在德国空军服役时的某些经历、情感细节，这是在20世纪60年代和70年代国际艺术界蓬勃发展的背景下发生的。当时的艺术新发展，如波普、极简主义和后极简主义——这些都受到西德收藏家的热烈追捧，并在西德博物馆展出——都提出了一个激进的概念，即艺术家的生活以及艺术家的手，不再是艺术品的本质，甚至与艺术品的意义无关。在接受采访时，安迪·沃霍尔（Andy Warhol）被问及他那些反复出现在屏幕上的花卉或好莱坞电影明星画的意义时，他回答说他无法回答，因为这些画是由几位助手完成的。表现主义作为一种艺术形式或艺术过程，或任何通过艺术作品进行的个人主体性的交

---

[1] 彼得·尼斯贝特，"速成课程：对博伊斯故事的评论"，见《约瑟夫·博伊斯：图绘遗迹》，翻译：彼得·尼斯贝特，编辑：G. 雷（纽约，2001），第9页以下。

流，都成为禁忌。当代艺术似乎遵循罗兰·巴特（Roland Barthes）在1967年出版的《作者之死》（*The Death of The Author*）中所做的声明，即作者的声音作为艺术中意义的特权基础要进行松绑。对于艺术界的人来说，博伊斯在"生命历程/工作历程"文件中介绍他的表现主义对自传和自己过去的关注，即使没有与国际舞台脱节到令人尴尬的地步，也显得严重落伍了。他的这种关注一直持续到上世纪70年代末。

博伊斯将"生命历程/工作历程"——某种意义上的宣言——铆定在他自己生活中被广泛理解的事件上，后来他又在其中加入了一个浪漫的故事，讲述了在德国占领克里米亚期间，少数民族让他实现了不可思议的身体复活。这份文件是博伊斯几十年努力的结晶，围绕他自己的创伤记忆进行叙述的。法国精神病学家皮埃尔·珍妮特（Pierre Janet）认为，对一个人过去的经历进行排序和编年，能够建立记忆，她也表明，对过去的特定事件的心理酝酿是为了理解它们。[1] 从事创伤研究的学者指出，尽管常规的经验有助于语言和叙事的排序过程，但极不寻常的或可怕的事件却不行；那么这些实际上都是主体未曾经历的。它们不能以任何常规方式被整合进记忆：创伤抗拒叙事。然而，

---

[1] B. A. 范·德·科尔克（B. A. Van Der Kolk）和奥诺·范·德·哈特（Onno Van Der Hart），"侵入性的过去：灵活的记忆和创伤的雕刻"，见《创伤：记忆的探索》（巴尔的摩，马里兰州，1995），第160页。

吉尔·贝内特（Jill Bennett）发现了视觉和行为艺术的一个传统，它与创伤记忆有关，为艺术的生产者和观众打开了一个变幻莫测的、不断扩展的领域，以研究与未加工的（创伤）经验相关的感觉、情感和情绪。贝内特明白，以这种方式向创伤敞开的艺术，肯定不是以一种直截了当的方式来传达创伤，也不是表现创伤。正如格里塞尔达·波洛克（Griselda Pollock）所写的："我建议我们思考创伤，不是从事件（我们无法知道）的角度，而是从与它的痕迹相遇的角度，而这种相遇是以某种时空为前提的。"[1] 以这种方式处理创伤的艺术可以调解与历史创伤记忆的身体或感觉的冲突，贝内特认为，这些记忆可以在身体中并通过身体，以情感或感觉的形式被感性地记录下来。因此，博伊斯所追求的与创伤相关的艺术创作，以及对这些艺术作品的观看，为过去的创伤提供了一个可行的替代方案，而不是对之进行认知性的综合。与他的"生命历程/工作历程"的时间序列同时，博伊斯的艺术作品激活了他对自己战争时期经历的感官或身体记忆，而这些记忆又超越了对此的叙述。从某种意义上说，博伊斯作品中的"情感操作"——观者在接触这些作品时的非视觉、触觉和嗅觉的感觉——进一步反驳了他的"生命历程"叙述中语言的可

---

1 格里塞尔达·波洛克，"导言：创伤和艺术创作"，《后影响/后影像：虚拟女权主义博物馆中的创伤和美学转型》（曼彻斯特，2013），第4页。

靠性。[1] 在另一个层面上，博伊斯的作品和表演所释放出的感觉和影响，不仅与整整一代人有关，也与人类在灾难性历史事件之后围绕伦理和创伤展开的普遍斗争有关。

贝内特指出，所谓的创伤艺术必须进一步在道德和伦理模棱两可的领域发挥作用。尽管许多人认为，受害者身份的明确划分必然标志着道德上高尚的地位，但也必须承认压迫者和受害者在创伤经历中所扮演角色的复杂性，以及两者之间的暧昧性。在这种情况下，博伊斯的艺术可能同样被建设性地认定为"搁置道德判断的艺术实践"。[2] 艺术家博伊斯站在善与恶、对与错之间，提出了伦理问题。他的艺术作品从一个前德国军人的立场出发，探讨了在二战的种族屠杀暴力之后重建自我的可能性。在1979年，也就是博伊斯在国际上取得突破的那一年，德国公众和其他许多人还没有准备好承担这个过程中的道德和历史的暧昧性，因为对二战的暴力、创伤和损失"达成共识"几乎没有开始，特别是对那些被认为是冲突中的侵略者来说更是如此。

本章记录了博伊斯整个职业生涯中其创伤性的战争经历在文本、装置和行为艺术中的表现。博伊斯的死亡遭

---

[1] 吉尔·贝内特，使用"艺术的情感运作"的概念来描绘和定位最近的视觉艺术，它与创伤和"可能产生创伤的那种冲突"有关。她在研究中对博伊斯进行了详细的讨论。吉尔·贝内特，《移情视觉：情感、创伤和当代艺术》（斯坦福，加利福尼亚，2003），第3页。

[2] 同上，第27页。

遇——无论是在他的生活经验中还是作为他的艺术的内容——以及通过艺术手段复兴和重建的复杂愿望，仍然是他的主要主题。博伊斯的不可思议的叙述尤其使他在一些（西方）德国记者和评论家的眼中受到了诅咒。一些对艺术世界承认兴趣不大或不感兴趣的人还对博伊斯的自恋和自我神化感到反感，认为这是一种自我推销，或者认为这是一个极不道德的例子，是一个施害者占据了受害者位置的例子，从而指责他歪曲了自己的过去。公众拒绝博伊斯，称其是"坏爸爸"——即把他当作骗子、热衷于希特勒的青年，甚至是右翼煽动者——这已经成为一代又一代德国人的持续现象，甚至是一种仪式。这种对博伊斯艺术实践的看法严重误解了艺术是什么、艺术何为。它揭示了将博伊斯定位为坏的对象的需求，代表了博伊斯与其父辈——历史上的战时一代——高度冲突的关系。它进一步表明，许多人认为艺术家博伊斯没有道德权利来探索自己的主体性和自己的过去。

1976年博伊斯接受乔治·贾佩采访时（首次发表于1977年），他用"关键经验"这个词来描述那些对他的作品具有最重要意义的生活经历的时刻或记忆。博伊斯区分了"从实际生活经验中产生的外部关键经验"，即"事实性的"经验或"本色的经验"，以及那些"几乎具有幻觉特征的经验，即来自童年的形象，或清晰的形象"。他解释说，这些过去的经验在决定一个人的生活过程时是最具影响力的，并且它保留了神话的元素，无法被合理地证明：

> 在任何情况下，它们出现在个人的意识中，作为神话，作为想象的或仅仅包含神话思维的东西，与日常生活保持着高度合理性的关系……应该说，这种多样的关键经验存在得越深，它们就越会被安置在另一彻底的精神层面。[1]

由此看来，后来的生活经验可能会与这些更原初的经验相联系，并在一定程度上由这些经验所决定。

博伊斯通过"关键经验"的概念来界定他自己个人的或内在记忆的工作——某些记忆对他来说是如此强大，以至于在某种程度上决定了他艺术的支点。他将人生的不同阶段描述为这种原初的关键经验：比如继续学习艺术而不是科学或医学的决定；二战期间，他乘坐的德国空军飞机在克里米亚坠毁，随后被鞑靼人营救；他从纳粹准备焚毁的一堆书中偷窃了几本书，其中一本复制了雕塑家威廉·莱姆布鲁克的作品。

博伊斯还提到了 1944 年发生在克里米亚的坠机事件，那次事件让他在阿德里亚尼那里昏迷了好几个星期。阿德里亚尼是 1973 年出版的关于博伊斯的第一本重要专著的作者。在这个版本中，正如博伊斯描述的那样，鞑靼人在残

---

[1] 乔治·贾佩，"与博伊斯就关键经验进行的访谈，1976 年 9 月 27 日"，《艺术新闻》，XIII /3（卢塞恩，1977），第 72 页。

骸中发现了他的"尸体",并把他带到他们的毡制帐篷中"拯救"了他。博伊斯开始描述他与鞑靼人的这段经历给他带来的影响,包括独特的香味、声音和温暖的触感。1976年,在他最著名的叙述中,博伊斯用以下方式描绘了这次坠机:

> 问:那么,这到底是怎么回事呢?人们常说,飞行员的背心、毛毯和脂肪,这在这次坠机和鞑靼人的帐篷中发挥了灵感,在那里你得到了照顾……这不也是一个关键经验吗?

> 博伊斯:是的,当然!它位于两种类型的关键经验的边界,也是一个真实的事件。(停顿)没有鞑靼人,我就不会活到今天。这些克里米亚鞑靼人,在前线的后方。在那之前,我已经和鞑靼人建立了良好的关系。我经常去那里,我坐在那些房子里。他们反对俄国人,当然也反对德国人。他们很想把我弄出去,试图说服我,秘密地把我安置在某个家族里。"Di nix nemetzki,"他们总是对我说,"你这个鞑靼人。"
> 在潜意识里,我对这样的文化有一种亲近感,它原本是游牧民族的,并且在那里已经建立起了部分的根基。当我遭遇这次失事时,如果不是在草原上放羊或放马的时候偶然发现了我,他们几乎找不到我,因为当时下了一场大雪。然后,他们把我带进了小屋。而在那里,我并没有完全恢复意识的全部画面。我先是在十二天后恢复了知觉,然后躺在德国军

方医院里。但在那里——所有的情景,完全地……我抓住了它们。我们可以换一种方式来表达。帐篷,他们拥有的毡制帐篷,和这些人的整个行为,与脂肪一起,那就像……房子里充满了一种异味……而且加上奶酪、脂肪、牛奶和夸克的作用……几乎所有的东西都被我抓住了,我真的经历了。[1]

根据弗兰克·吉塞克和阿尔伯特·马克特获得的档案记录,1944年3月16日,博伊斯的Ju 87飞机确实在克里米亚的某个地方坠毁,飞行员汉斯·罗林克(Hans Laurinck)当场死亡。其他记录指出,博伊斯于3月17日住进了克鲁曼-凯梅克茨基(Kruman-Kemektschi)的德国179野战医院,在那里住了二十二天,直到4月7日;他的受伤记录包括脑震荡和面部撕裂。[2] 这些日期推翻了一些传记作家早先的说法,即博伊斯在鞑靼人的蒙古包里住了一个星期或更长时间。然而,在有关这一"神话"事件的大量文献中,没有一处提到博伊斯可能受伤躺在一具尸体旁边,在可能有积雪的大草原上的飞机残骸中躺了一天一夜。(也有人认为博伊斯白天黑夜都住在蒙古包里,这同样是不可能的。德国救援队是否对当地的蒙古包足够熟悉,

---

[1] 贾佩"访谈",克劳迪娅·梅施译。1979年,卡罗琳·蒂斯达尔首次宣称博伊斯的身体被"脂肪覆盖,以帮助其恢复温暖,并以毛毡包裹,以作为绝缘体保持温暖",这是博伊斯原话的弥赛亚式变体;蒂斯达尔,《约瑟夫·博伊斯》,第16—17页。
[2] 弗兰克·吉塞克和阿尔伯特·马克特,《飞行员,毛毡和祖国:博伊斯的扩展传记》(柏林,1996),第76页。

能够在 3 月 17 日找到他所在的蒙古包？）这些文献也没有提到，鞑靼人和其他克里米亚当地人，他们在克里米亚被占领期间经常与德国军队一起工作，也曾在当地医院担任护士和其他人员，他们可能是找到博伊斯的救援队的部分人员。[1] 可以想象，当他被发现的时候，博伊斯的部分意识中，可能已经注意到使鞑靼人显得与众不同的一种穿衣方式或说话方式。或者，一个鞑靼人可能在他康复期间在野战医院担任他的护士，这可能导致了那种描述。也许，正如唐纳德·库斯皮特（Donald Kuspit）所说，博伊斯可能在某个时候想象、梦想或产生了从残骸中获救的"疗养幻想"，这满足了他（心理的）生存的需要。[2]

尤其是在西部片的谱系中，欧洲人或盎格鲁人被土著人营救并复活的故事非常普遍，几乎是老生常谈。它构造了卡尔·梅在《温尼图一世》（*Winnetou I*，1893 年）中的"老瓦特汉德"（Old Shatterhand）被阿帕奇人营救的故事，以及最近吉姆·贾木许（Jim Jarmusch）"酸性西部片"（Acid Western）《死人》（*Dead Man*，1995 年）的故事。《死人》以 20 世纪初的某个时候为背景，讲述了克莱沃会计威廉·布莱克从濒临死亡到其他的不幸遭遇中一路向西

---

[1] 弗兰克·吉塞克和阿尔伯特·马克特，《飞行员，毛毡和祖国：博伊斯的扩展传记》（柏林，1996），第 94 页。
[2] 唐纳德·库斯皮特，"艺术家的身体"，见《约瑟夫·博伊斯：分歧的批评》（利物浦，1995），编辑：D. 西斯尔伍德（D. Thistlewood），第 96 页；另见唐纳德·库斯皮特，"约瑟夫·博伊斯：在表演者和萨满之间"，在同一卷中，第 27—50 页。

旅行的故事。布莱克最终被一个无名的美国土著流浪汉（由卡尤加演员加里·法默扮演）救出，并最终获得了名誉上的土著人葬礼。这种营救行为，与成功融入和同化原住民社会的持续性益格鲁幻想有关。在西方浪漫主义的想象中，原住民"游牧民族"的形象与自然的力量有关；这些叙事中的救赎被额外赋予了神学维度上的神圣救赎含义——或者说宽恕——通过这种包容来实现。最重要的是，土生土长的土著人拯救生命的拥抱，让益格鲁人恢复了以前因暴力、隔离、分离——简言之，创伤——而失去的整体自我意识，甚至可以第一次建立起真实的自我意识。

评论家们认为，博伊斯的自我神话和艺术必须被理解为主要是为了治疗或参与恢复一个连贯的自我。[1] 库斯皮特认为，博伊斯可能在某种程度上无意识地将鞑靼人的形象与犹太人或法西斯主义的受害者联系起来。[2] 这种创伤后的治疗动力使博伊斯的艺术超越了他自己的社会雕塑理论框架。它可以解释博伊斯的艺术实践中超越自我神话的广泛的自传体线索，但也有可能博伊斯的艺术辩证地涉及加害者和受害者的角色，因为他在其艺术中采取了这两种立场。这表明，博伊斯的做法与持续不断的认同和同情他人的必要性有关，尤其是对受害者的认同和同情，可以从他与动物尸体的表演中读到，尤其是长达一周的象征性表演《我

---

[1] 库斯皮特，"艺术家的身体"，第97页。
[2] 同上，第10页。

喜欢美国，美国喜欢我》（*I Like America and America Likes Me*，1974年）。[1]

博伊斯关于鞑靼人救赎的论述与这两个方面都有联系：一方面与战时创伤后的心理恢复有关，另一方面，与他自己用艺术手段数十年来构建的心理平衡有关。最重要的是，博伊斯始终把他的关键经验理解为感官记忆，并要求观众在观看他的作品时直接地投入感官的感受。他的艺术将其他感官的知觉视觉化，或以其他方式，通过把它渲染成与他人或群体之社会的、审美的相遇，来实现一种"看的感觉"的状态。[2] 在他极著名的许多演出中——《酋长》（1964年）、《如何向一只死兔子解释图片》（1965年）、《欧亚大陆》《西伯利亚交响曲第三十四部》（1966年）、《欧亚职员》（1967年）、《凯尔特人苏格兰交响曲》（1970年）和《我喜欢美国，美国喜欢我》——博伊斯通过操纵各种由动物身体或大棒和棍子组成的假肢，重复地进行将自己的身体和感官放大或延伸的隐喻性动作的表演。通过这些动作，博伊斯实现了与另一种主体性，包括动物的主体性，联系和交流的迫切需求。

在关注感觉的过程中，博伊斯并不希望把自己的过去和创伤作为一个真实的事件来传达。直接传达个体的创伤是相当不可能的，但这也是许多人要求博伊斯在艺术中必

---

1 库斯皮特，"在表演者和萨满之间"，第39—40页。
2 贝内特，《**移情视觉**》，第41页。

须清楚地表现出来的。博伊斯超越了个人创伤的叙述,他的目标是让感觉唤起"智慧"——这个词来自于吉尔·德勒兹的美学——也就是说,让它产生思想并作批判性的探究。[1] 通常情况下,博伊斯也会围绕着他的社会雕塑的总体化概念或理论来调整这种刺激性的想法。博伊斯所使用的材料会产生充满活力的触觉,它也吸引了视觉以外的感官,包括嗅觉(毛毡和脂肪的气味,标志着博伊斯作品中的空间)和听觉(例如,毛毡的声学特性,使声音在特定的空间中产生不同的共鸣)。博伊斯在他的表演中操纵空间,暗示其具有局限性,这是仪式空间的特征;也就是说,他标记并形成了一个行为表演的空间,将之作为一个与日常现实空间截然不同的空间,在此同情、批判性思维和社会雕塑的潜力得以体现。

博伊斯在他的第一版《酋长》中开始探索和操纵空间。1964 年 12 月 1 日,他在西柏林的勒内·布洛克画廊(Galerie René Block)演出了《酋长》的第二个版本——《激浪之歌》。在这次演出中,他系统地探索了自己的身体与其他材料之间的关系,以及表演媒介本身,作为一种磨砺和拓展感官的手段。通过《酋长》,博伊斯开始将特定的材料装入具有特定意义的材料中,这些材料指向了一种圣像学,虽然完全是世俗化的,但他强烈地唤起了基督教神

---

[1] 贝内特,《移情视觉》,第 8 页;另见"创伤主题"一章,第 1—21 页。

学以及皈依和复活的主题。他将这些材料重新塑造成一个非宗教化的改造的版本。这些材料也与过去博伊斯的生活经验中的事件联系在一起。博伊斯的艺术因此偏离了"激浪艺术"(Fluxus)和"极简艺术"(Minimal art)的进程,这两种艺术的当代倾向在博伊斯的艺术中都有提及,但他在20世纪60年代最重要的行为表演中进行了重新创作。

艺术家沃尔夫·沃斯特尔在几周后的《柏林电视报》上评论了《酋长》的表演,认为体现了这次画廊表演的奇特基调:

> 对大多数人来说,这是一次与博伊斯和他的创作动机以及他对雕塑形式的看法的邂逅。对其他人来说,这是另一个互相见面的理由……这是对死亡的庆祝吗?也是一个方面。博伊斯把他的作品称为雕塑原则的展示。只有少数人知道,他正在通过其他的方式,即他自己和两只兔子,翻译转换躺在他身边的毛毡卷和铜棒……博伊斯是在玩弄这两只兔子和铜棒?把博伊斯自己当作雕塑?还是把整个环境当作雕塑?是把自己变成一个事件吗?或是成为一个活生生的雕塑?[1]

勒内·布洛克为博伊斯的表演指定了一个房间;公众站在旁边的一个房间里,这个房间通过一扇门与表演的房

---

[1] 沃尔夫·沃斯特尔,"我是一个频道,我在发射!",柏林《每日镜报》(1964年12月3日),n.p.,翻译见蒂斯达尔,《约瑟夫·博伊斯》,第94页。

间相连,报道说里面有罗伯特·莫里斯的一个小装置作品。[1] 博伊斯事先准备好了表演的房间。突出的是,他把连接的门关上了,隐含着拒绝公众进入的意思;透明的屏风或布条暗示着允许观看,但并没有邀请观众进入表演空间。正如表演的照片所显示的那样,博伊斯在表演的空间里,用人造奶油或"脂肪"(Fett)小心翼翼地涂抹在几个不同的位置上,以几种不同的形式来标记表演的空间:沿着一面墙的一英尺长的条状物,大约两英寸高,在地板和墙之间形成一个三角形;在屏风门的底部涂抹,但观众在画廊里看不到(就像在标记日常空间和带电空间之间穿越的点);在屏风门对面的两个角落,一个大,另一个很小。一大卷灰白色的毛毡被斜放在房间的地板上。在布的两端,都有一个兔子的尸体放在地板上,沿着毛毡的对角线在地板上延伸开来。一根细细的铜棒靠在一堵墙上,中间包着一小块灰白色的毛毡,另一根铜棒平放在地板上,几乎碰到了第一根铜棒,第二根铜棒的大部分被一卷更厚的灰白色毛毡覆盖着。沃斯特尔描述了在肥肉上面发现的其他东西:"在这上面,离地面165厘米,一簇头发,6×7厘米厚,在这两个指甲的左边,每个1.5厘米宽距(……可能是对未被掌控的过去的迷恋?)[2] 肥肉的对面放着一个带着

---

[1] 乌韦·施尼德,《约瑟夫·博伊斯:行为——带注释的工作图纸与照片文件》(奥斯特菲尔德-鲁特,1994),第69页。
[2] 引自蒂斯达尔,《约瑟夫·博伊斯》,第94页。

长电线的扩音器。另一位评论家记述道:

> 旁边有一台带扬声器的录音机。每隔一段时间,山羊的咩咩声就会在房间里回荡,这是由地板上自称为木乃伊的东西发出的……游客们坐着、站着、跑来跑去、抽烟、聊天,偶尔还会冒险看一眼这个显然已经死亡的"物体",它只能通过这些滴答声来证明自己的生命。[1]

与激浪派的表演不同的是,博伊斯隐藏了他作为一个表演者的视觉存在,仅仅通过扩音来记录它,柏林评论家注意到这种声音,后来博伊斯将其描述为"ö-ö"。[2] 沃斯特尔所描述的头发和切割的指甲等元素,也指向了人体的存在和肉身的存在,尽管它可能是一个活生生的存在,也可能是一个死亡的存在;也许正是这个元素促使沃斯特尔得出结论,《酋长》可能是在"庆祝死亡"。

沃斯特尔反复提到雕塑和雕塑形式,表明他明显偏离了标志着激浪派表演的事件结构。然而,《酋长》也可以被理解为一种声学表演或歌曲,因为在这八个小时的表演中,从下午四点到午夜,博伊斯除了"唱"各种咕噜声和呻吟声外什么也没做。从它的声学特质看,该作品仍然与激浪

---

[1] 卢西·肖尔(Lucie Schauer),"艺术教授扮演木乃伊",《世界报》(1964年12月6日)。
[2] 蒂斯达尔,《约瑟夫·博伊斯》,第95页。

派联系在一起。

由于他对表演空间的处理，人们也可以将《酋长》解读为一种早期的装置艺术形式——也就是说，博伊斯在勒内·布洛克画廊的一个房间内针对材料的现场特殊性质的安排，以及它与隔壁房间展出的罗伯特·莫里斯的作品可能存在的辩证关系。博伊斯在画廊的一个房间内对形式的空间安排所表现出的张力，超越了对极简主义形式和材料潜力的考察。在视觉上他掩盖了他自己的存在，但通过呼吸声的放大，以及如指甲等人体碎片的在场，他仍然向观众展示了他的在场。在一卷毛毡内部放大的声音之间存在一种张力，这种材料以其消音的特性而闻名。在接下来的二十年里，毛毡作为声音的绝缘体和物理保暖的特性将继续占据博伊斯的创作。虽然评论家们没有提及，但可以想象博伊斯准备好的房间里可能有人造黄油的味道，他曾用人造黄油创作房间的角落和条状物。

以既隐藏自己的身体存在，又揭示自己的身体存在的方式，博伊斯培养了自己与观看表演者之间的距离感，取消了观众的直接参与。博伊斯的早期表演以共同的感觉经验为中心，要求观众对他的表演有不同的认知参与。（相比之下，博伊斯后来的参与式表演则采取了相反的策略，要求观众直接参与，这将在第五章中讨论。）博伊斯在《酋长》中的表演空间也有别于其他展厅。虽然他的装置形式和材料可能对莫里斯的作品产生了评论，但展厅的展览方式是这样的,将它标记为一个有区别的,甚至是有限的空间,这让人联想起宗教仪式神圣空间的某些特征。[1] 在用作表演场地入口处,门封闭的一侧上的脂肪角落和涂层上,博伊斯标记了展厅的门槛。他在这个空间里对元素的安排当然不同于激浪表演道具的平庸,激浪表演道具只局限于桶、梯子、黑板和纸,也不是故意安排在表演空间里,而是偶然地散落在那里。《酋长》用的材料同样具有隔热、导电、易贮存等特点。它们要么可塑性很强(人造黄油),要么完全不成形:博伊斯指出,毛毡无法保持形状,因为它是由野兔的兔毛压制而成的,"这种材料无法保持形状"。[2]

博伊斯还在他自己的僵硬的身体和铜棒之间建立了一种构图关系,其中一个铜棒靠墙而立,与之形成一个角度,而第二个铜棒则水平地躺在地上。这两个金属元素都被毛毡包裹着,就像表演者本人的身体一样。有人认为,博伊斯的身体作为铜棒的类比物,可以看作是一种媒介:一种传导的材料或媒介,就像铜的物理材料一样。博伊斯对沃斯特尔的那句著名的台词——"我是一个频道,我在发

---

[1] 关于神圣空间与世俗经验的"同质和中性"空间之间的区别,见米尔恰·埃利亚德(Mircea Eliade),"神圣空间和让世界变得神圣",载于《神圣与世俗:宗教的本质》,翻译:W. R. 特拉斯克(W. R. Trask,纽约,1987),第 20—65 页。

[2] 约尔格·谢尔曼和贝恩德·克鲁泽(Jörg Schellmann and Bernd Klüser)编辑,《约瑟夫·博伊斯作品集:著录目录》(纽约,1980),翻译:卡罗琳·蒂斯达尔,无页码。

射!"——中蕴含着无线电广播的含义,对金属的物质性和金属的导电性有一定的共鸣。在这里,博伊斯提到了他自己的过去,因为他作为一名无线电操作员接受过军事训练。然而,博伊斯在《酋长》中的"传递"并不是直接的交流,或者说还不是对声音和话语的交流性使用。声音的功能只是作为一个活生生的,不一定是人的存在的断言。与这种能量的暗示及其通过一些材料的运动的同时,死亡也通过两具动物尸体和身体材料的病态展示强烈地进行暗示。

《酋长》表演期间,博伊斯对着毡制卷筒里的麦克风说的"ö-ö"声,重新出现在这位艺术家的全部作品中。博伊斯将这些声音定位为一种雕塑可能性的理念:"一个人在看到雕塑之前先听到它。耳朵是感知雕塑的器官。"[1] 1967年11月,在亨宁·克里斯蒂安森陪同下,博伊斯在杜塞尔多夫艺术学院的毕业典礼上展示了一个"öö方案"。1972年的霓虹灯雕塑《öö》,由一盏灯组成,将元音拼写出来的灯包裹在一个长方形的木盒中,放在地上。在他1984年于东京西武美术馆和白南准(Nam June Paik)的《荒原狼Ⅲ》合作展出的作品中,"ö ö"被作为声学元素重现。乌韦·施尼德将博伊斯在《酋长》中的诗意的表达,以及后来的运用,与达达主义者雨果·波尔和库尔特·施维特斯的诗

---

[1] 引自《约瑟夫·博伊斯展览目录》(苏黎世,1993),苏黎世艺术馆,哈拉尔德·斯泽曼编辑,第166页。

作联系在一起，或者说与萨满教的功能联系在一起。[1] 博伊斯在与卡罗琳·蒂斯达尔的谈话中注意到了这种声音中的雄鹿哭声的特质：因此，他把它部分地看成是一种模仿性的音调，但也把它看成是一种未成形的音调，或者说是混沌的音调，本质上——一种还不是语义单位或语义的载体，而是一种从"超越人类的生命"中提取的"能量的传送带"。[2] 然后博伊斯通过动物的方式对（人类）感官感知的延伸作了这一方面的阐释：放置在毛毡卷两端的两只兔子充当了被卷入毛毡的人体的假肢。

《酋长》也可被解读为博伊斯创伤康复后的再现，就像他在几年后描述的那样。博伊斯在另一个层面上与神圣空间的古代或异教的层面产生了联系：动物的身体和脂肪形式是可能发生转变的仪式空间的标记，由于安排这些身体的空间，指向的是一个祭祀的空间，因为它与人类对神灵的祭祀仪式中焚烧的重复联系在一起，而神灵在古老的动物祭祀仪式中被记住了。因此，博伊斯在为这次演出准备房间时暗示的"神圣"空间——拒绝公众进入该空间的做法进一步强调了这一点——不仅让人想起了基督教神学，也让人想起了史前的仪式实践，即作为一种对原始的救赎

---

[1] 例如，《约瑟夫·博伊斯展览目录》，第164—167页。乌韦·施尼德找到了一个"öö Program"的乐谱，它是博伊斯的《西伯利亚交响曲》的一部分，日期标注为1962年3月；见乌韦·施尼德《约瑟夫·博伊斯：行为》，第203页。
[2] 蒂斯达尔，《约瑟夫·博伊斯》，第95页。

时刻的集体纪念的仪式。[1] 这一表演唤起了超越的可能性，也唤起了对独特的社会和公共经验的古老记忆。

在他后来的几件装置作品中，博伊斯延续了这种空间布局和舞台效果，这是他在《酋长》中开创的。1968年之后，他开始使用独立的装置和表演痕迹来记录或保存他的行为的持续性社会经验：他的装置作品《资本空间1970—1977》与行为艺术《凯尔特人》（金洛克兰诺赫村庄，*Kinloch Rannoch*，1970年）及其变体《凯尔特人》和《凯尔特人+～～～》的关系；在达姆施塔特的"博伊斯街区"（*Block Beuys*）的装置《穿越西伯利亚铁路》（*Transsiberian Rail*，1961年）与1970年奥勒·约翰（Ole John）在汉勒贝克（Humlebaek，丹麦哥本哈根附近）拍摄的同名行为艺术之间的复杂关系；以及与罗纳德·费尔德曼画廊的装置作品《来自柏林》（*From Berlin*）的关系：从最新的《荒原狼》（*Coyotes*，1979年）到他的行为艺术作品《我喜欢美国，美国喜欢我》。相比之下，艺术作品《我想看山》（*Voglio vedere i miei montagne*，1971年）、《电车站》（*Tram Stop*，1976年）和《展示你的伤口》（*Show Your Wound*，1977年）则表明，尽管某种动作或仪式与博伊斯的表演无关，但它们已经在材料元素的组织安排中得以施行。这三件作品都涉及了博伊斯生活中的关键经验，尽管

---

[1] 埃利亚德，"神圣空间"，第99—102页。

未被明确界定，但都是从他的童年和战时创伤中再次提取出来的。因此，对博伊斯来说，对空间和形式的研究与对生活经验的感官记忆融合在一起，使雕塑成为艺术家和他的观众在艺术中参与到创伤后的"活生生的记忆过程"的手段。[1]

博伊斯思考的是"我为什么能在通常无法生存的情况下生存下来"。[2] 这种幸存者的负罪感在他的陈述和作品中都能看出来——在贾佩的采访中，博伊斯提到了一个在出生时就死亡的哥哥，以及克里米亚坠机事件中的飞行员。二重身/他者/自我的重复死亡是博伊斯对自己的生存的一种比喻性描述。替身或他者的死亡，在博伊斯的艺术中，在他的许多绘画作品中都有一种构成性的共鸣，如 1956 年的《山中的温暖雕塑》（*Warmth-Sculpture in the Mountains*），1963 年在哥本哈根的表演《欧亚大陆》（*Eurasia*）中的双十字架，以及《展示你的伤口》中的双倍结构。自 911 事件以来，许多人都指出了博伊斯的多个系列作品中的双塔，这些双塔上刻有圣科斯玛斯和达米安的名字，他们是殉道者和美第奇的守护神。也许博伊斯是先知先觉的，但他并没有预示具体的灾难的到来。对他来说，就像另一位理想主义者瓦尔特·本雅明一样，人类历史总是向着不可避免的灾难前进。博伊斯确实预见到了他自己经验之外

---

[1] 贝内特，《移情视觉》，第 39 页。
[2] 贾佩，"访谈"，第 76 页。

的灾难。作为他作品中的一个形式元素,也作为他自传体叙述的一个方面,必须承认由死亡宣称的他者的角色是博伊斯艺术中一个可辨识的重要主题。

2　危机与天主教

1945年底,在英国的库克沙文集中营当了几个月的战俘后,博伊斯回到了莱茵河下游,回到了他所选择的诞生地克莱沃附近的林德恩村。他已经要求父母替他安排在柏林学习艺术,但很快就改变了主意,决定待在离家更近的地方,在杜塞尔多夫艺术学院继续学业。在这段时间里,博伊斯从一些人那里寻求艺术和知识上的指导,开始在克莱沃雕塑家沃尔特·布鲁克斯(Walter Brux)和汉斯·拉默斯(Hanns Lamers)的工作室里工作,甚至1946年开始在杜塞尔多夫艺术学院(Dusseldorf Art Academy)学习之后,他还继续在那里工作。弗里茨·格特林格(Fritz Getlinger)在十年后为博伊斯画了一幅尴尬的肖像,画中博伊斯以夸张的表现主义姿态站在拉默斯工作室的窗户前,这不仅表明这位年轻的艺术家与其他莱茵河下游地区的艺术家长期以来的联系,也表明博伊斯从一开始就明白自己的形象对他的艺术生涯至关重要。

接受正规艺术教育的几年里，博伊斯迷上了其他可谓是有志之士的导师。他们包括亚里士多德、詹姆斯·乔伊斯、成吉思汗、莱昂纳多、18 世纪出生于克莱沃的贵族和人权捍卫者安纳卡尔西斯·克洛茨（Anacharsis Cloots）、16 世纪的医生和炼金术士科学家帕拉塞尔苏斯（Paracelsus）、菲利普斯·冯·霍恩海姆（Philippus von Hohenheim）、理查德·瓦格纳、圣伊格纳修斯·罗耀拉，以及最重要的一位德国浪漫主义哲学家和学者、人类学的创始人鲁道夫·施泰纳。后来，博伊斯扩大了这个名单，包括经济理论家威廉·施蒙特（Wilhelm Schmundt）、"黑帮中的黑帮"约翰·迪林格（John Dillinger），以及艺术家马塞尔·杜尚（Marcel Duchamp）和威廉·莱姆布鲁克。正如在他的许多艺术作品中可以发现的那样，博伊斯一生都在对这些历史人物的作品进行深入细致的研究，有时详细至极。人们注意到，博伊斯对这些知识分子前辈们的研究不是学术性的或全面的，而是印象式的。博伊斯几乎是在偶然的情况下吸收了他们思想的某些方面，有时将它们结合起来，形成了他对世界物质文明的独特看法和自己的艺术理论。

例如，成吉思汗的形象很可能在博伊斯于克里米亚服兵役后与之产生共鸣，因为这位 13 世纪征服了欧亚大陆大部分地区的蒙古皇帝被认为在俄罗斯南部大草原的某个地方有一座坟墓。成吉思汗是一个由东向西迁移的游牧统治者；他的西行将亚洲的思想、文化和领导能力带到了西方。

当他与鞑靼人战斗并击败他们的时候,他被认为是一个在整合游牧民族中包容不同宗教的人。博伊斯1937年的一幅画作提到了蒙古文化,而在他后来的作品中,如《蒙古人的强大精神》(1954年)和《蒙古人的坟墓》(1958年)等作品中也有更多的具体提及。毛毡毯和鼓与蒙古帝国的地位有关,有人认为,博伊斯可能因为对这些可汗的跨文化联想而转向了毛毡材料和作为太阳象征的蒙古鼓——在他的《太阳雪橇》(1984年)系列版画和绘画,以及《酋长》和《提图斯/叶甫盖尼》等表演中,都有可能如此。[1]

博伊斯于1946年进入杜塞尔多夫学院。他首先与学院雕塑家约瑟夫·恩塞林(Joseph Enseling)合作,然后转到艾瓦德·马塔雷(Ewald Matare)的班级,1954年,他与马塔雷一同拿到了学位,还合作完成了多项任务,其中的几项是为天主教会服务。两人最初的融洽关系可能是基于他们对自然和雕塑形式的共同兴趣。此外,马塔雷在梅尔布施-布德里希(Meerbusch-Büderich)的一个改造过的谷仓里授课,可能也吸引了博伊斯,这些年他似乎被那些生活在莱茵河下游地区的人所吸引,因为那里是特殊的德国和荷兰风景、文化的交汇点。1950年,博伊斯开始了与他最忠实的收藏家范·德·格林顿兄弟汉斯和弗朗茨·约瑟夫

---

[1] 安杰·冯·格雷文尼茨(Antje von Graevenitz),"成吉思汗",《约瑟夫·博伊斯展览目录》(苏黎世,1993)的附录,苏黎世艺术馆,哈拉尔德·斯泽曼编辑,第353页。

长期的友谊，他们是一位克兰登堡农民的儿子，也是博伊斯在其父母的农场举办的几次"农舍"展览的组织者，包括1953年的首次展览。[1]

在学院的几年里，博伊斯曾担任马塔雷的助手，也曾参与当地的圣事。其中最著名的是他在1953年为科隆大教堂制作了一扇朝南的门；博伊斯还完成了马塔雷为艺术家沃尔特·欧菲（Walter Ophey）设计的墓碑。一些人坚持认为，这些合作对博伊斯产生了巨大影响，他的早期作品形式上是从马塔雷的作品中衍生出来的，但对这些年来的实际艺术品的研究并不能证明这一点。虽然动物主题在博伊斯20世纪50年代早期的雕塑和绘画中也很明显，但博伊斯的动物群既不像马塔雷的那样具有描述性，也不像马塔雷的那样具有风格化。博伊斯的动物形态有其历史的重要性和复杂性，这往往指向《圣经》、古代或中世纪的源头和莱茵河下游及更远处的图腾崇拜，其中许多也引起了鲁道夫·施泰纳的兴趣。博伊斯研究的是精神主题，以及历史化和泛神论。奇怪的是，他拒绝了后者，认为后者与他的工作无关。[2] 1951年，博伊斯以强健有力的、地震图质感的线条雕刻石板浮

---

[1] 阿德里亚尼、康纳兹和托马斯，《约瑟夫·博伊斯》（科隆，1994），第24页。
[2] "在这里和那里，这些（基督教元素）再次出现在一幅画中，但在特征方面，它们被嵌入一种泛神论的结构中。不过泛神论对我来说不是一种意识形态。"博伊斯，"我的思想"，见范·德·格林顿（F. J. van der Grinten）和弗里德里希姆·门内克斯（Friedhelm Mennekes），《人的形象——基督的形象：探索当代艺术的一个主题》（斯图加特，1984），第104页，克劳迪娅·梅施译，见"约瑟夫·博伊斯与弗里德里希姆·门内克斯的对话"，载于《纪念约瑟夫·博伊斯：讣告、论文、演讲》（波恩，1986），第30页。

雕，它以克莱沃地区的天鹅崇拜为题材，其灵感来自于那里的天鹅堡（Schwanenburg），并进一步让人联想到了沃尔夫拉姆·冯·埃申巴赫（Wolfram von Eschenbach）的13世纪诗歌《帕尔兹瓦尔》中的中世纪天鹅骑士洛亨林。这幅作品与马塔雷装饰性的现代主义的任何作品都不一样。

博伊斯开始了一系列独立的作品，重点关注基督教圣像，特别是作为雕塑品的十字架。他创作了几件自己设计的墓碑作品。其中最重要的作品是1959年安装在梅尔布施-布德里希的罗马式教堂塔楼上的"布德里希战死者纪念碑"，这是一个戏剧性的拉丁式十字架。博伊斯与基督教圣像画接触最密集的时期，恰好是他完成艺术学位后面临个人危机的时期。虽然在一些声明中，他将自己的抑郁症归咎于战时的创伤，但他也承认，从艺术学校毕业后的生活中产生的其他因素也导致了他的精神崩溃，包括一段失败的感情："正如经常发生的那样，女人在这场（个人）危机中扮演了很重要的角色。"[1] 1954年圣诞节前夕，博伊斯的求婚被一个从未被完全确定身份的女人拒绝，这只是一连串的失望和挫折中的最近的一次。显然，博伊斯野心勃勃，他渴望获得稳定和认可的作品是1952年他的获奖雕塑作品《圣母怜子图》（*Pietà*），该作品在雕塑家格哈德·马克斯

---

[1] 阿德里亚尼、康纳兹和托马斯，《约瑟夫·博伊斯》，第40页，引用了赫尔曼·施莱伯（Hermann Schreiber）1980年对博伊斯的采访；克里斯蒂安·霍夫曼斯（Christiane Hoffmans），《约瑟夫·博伊斯：生活图片》（莱比锡，2009），第14页。

(Gerhard Marcks)的推荐下获得了杜塞尔多夫钢铁工人工会的奖项。1953年的克兰登堡展览并没有像他所希望的那样受到欢迎,尽管他有私人和公共的圣事委托,他还是不得不依靠父母的经济支持,这可能是他求爱失败的原因之一。

在他的"生命历程/工作历程"文件中,博伊斯创造了"下地干活"和"在下地干活中恢复"等奇特的委婉词汇,来形容他从1955年到1960年左右的精神崩溃状态或抑郁期,他也将其描述为"重组阶段"。[1] 在这段时间里,博伊斯一开始住在杜塞尔多夫市的海德特(Heerdt),然后和他的朋友赫尔穆特·尼豪斯(Helmut Niehaus)住在一起,然后回到父母家。他寻求精神和其他医疗援助。他没有回复亲友的来信,据说当他父亲试图探望时,他也拒绝了。博伊斯的朋友拉默斯在一封信中称:"这对我来说是一个可怕的情况。我对他(博伊斯)的态度很好,但他对我却很冷酷。老实说,人们已经不知道该如何对待他,甚至连医生也不知道。"[2] 在范·德·格林顿农场寻求庇护后,博伊斯的确是在地里干活,有时会待上一整天,他一直待到1957年。弗兰兹·约瑟夫(Franz Joseph)认为,这种体力劳动以及与范·德·格林顿家族的密切接触最终让博伊斯得以

---

[1] 阿德里亚尼、康纳兹和托马斯,《约瑟夫·博伊斯》,第40页。
[2] 霍夫曼斯,《约瑟夫·博伊斯》第15页。

康复。[1] 第二年，博伊斯遇到了他未来的妻子伊娃·沃姆巴赫（Eva Wurmbach），她是一位艺术教育家，1959年他与她结婚。他完成了布德里希纪念碑的委托创作，并且不顾导师马塔雷的反对，在1961年被聘为杜塞尔多夫艺术学院的纪念雕塑教授，并于这一年开始任教。

在1984年与门内克斯神父的谈话中，博伊斯描述了他投入基督形象和基督教象征物的创作是他"对精神整全性的态度"的一部分，但他又淡化了这一点，坚持认为这个"传统的主题在1954年之前已经在他的艺术中枯竭了"，或者说这只是他的创作一个短期的特点。[2] 然而，于1959年竣工的布德里希纪念碑（Büderich memorial）采用了拉丁十字架的形式。博伊斯在他的全部作品中，特别是在20世纪60年代，在《十字架》（1963年）和《两个拿着发光的面包的年轻女人》（1966年）中，即使不是天主教主题，也回归了基督教主题。《十字架》可能是20世纪艺术中，处于附属地位的成品装置第一次引起神学上的共鸣。门内克斯不听劝阻，继续把博伊斯的作品视为神圣的艺术，因为他把它理解为"适合这个时代的基督论的引人注目的宏伟设计"。[3] 中世纪和文艺复兴时期著名的艺术史学家奥托·

---

[1] 霍夫曼斯，《约瑟夫·博伊斯》第15页。
[2] 弗里德里希姆·门内克斯，《约瑟夫·博伊斯：思想基督》（*Joseph Beuys: Christus Denken/Thinking Christ*，斯图加特，1996），第24页。
[3] 同上。

乔治·冯·西姆森（Otto Georg von Simson）在其 1963 年的《十字架》（*Crucifixion*）一文中指出，博伊斯的艺术特点是使用了基督教的象征性符号。[1] 博伊斯自己也曾在《两个拿着发光的面包的年轻女人》中谈到过神学方面的问题，这是他的早期系列作品之一：

> 简而言之，这是对"物质的精神性"（Geistigkeit von Materie）的直接引用。面包，代表着人类最基本的生存方式，在"发光的面包"一词中，有一种起源于灵性的意思，即人不是单靠面包，而是靠灵性生存。实际上，这与旧教会实践中的圣餐变体论、主的临在方式的变化一样。它是这样表述的：这只是表面上看是面包，但实际上是基督，也就是物质的某种变体。这一点在脂肪或毡子上也起作用。[2]

德国艺术史学家卡尔海因茨·诺瓦尔德（Karlheinz Nowald）写道，基督教的内容，而不是传记，为博伊斯的艺术和艺术理论提供了基督论和救世主论的问题基础，并延伸到了他的毛毡、脂肪和铜的物质圣像学。他引用博伊斯的一句臭名昭著的名言（"我的意思是，当有人看到我的作品时，我已经出现了"），认为约瑟夫·博伊斯的变体发

---

[1] 奥托·冯·西姆森，"十字架，神秘主义者约瑟夫·博伊斯的忏悔"，《法兰克福评论报》，78（1988 年 4 月 2 日），无页码。
[2] 约尔格·谢尔曼和贝恩德·克鲁泽编辑，《约瑟夫·博伊斯作品集：著录目录》（纽约，1980 年），翻译：卡罗琳·蒂斯达尔，无页码。

生在他的行为艺术和物品中,并涉及博伊斯的个人记忆与他在天主教会中的成长所建立的世界观的融合。[1] 因此,人们可以把博伊斯的服装,比如说他的毛毡帽的拟人化,看作是他的圣像,甚至把博伊斯1964年在亚琛首次分发给观众的"生命历程/工作历程"归结为字面意义上的博伊斯的遗书来解读。[2] 例如,从20世纪60年代开始,帽子在博伊斯的作品中承担了复杂的功能,既是一种假体,又是一种象征性和拟人化的物品。[3] 1964年,这位艺术家在亚琛被观众袭击后,鼻子流血、手持十字架的照片,标志着博伊斯在西德大众媒体上最早的报道,这或许不是巧合。同为艺术家和艺术节的参与者巴松·布洛克(Bazon Brock)评价这张照片道:"鼻子在流血,基督在流血,因为这其实是在类比基督伤口的血和他(博伊斯)身上的血。"[4]

根据诺瓦尔德的说法,博伊斯开始在毛毡、脂肪和铜的材料上赋予一种特殊的意义——作为能量的一种表现来传达隔离、绝缘和储存热量。值得注意的是,博伊斯对门内克斯说,他对耶稣作为一个历史人物并不感兴趣,他感

---

[1] 卡尔海因茨·诺瓦尔德引述,"现实/博伊斯/现实"(Realität/Beuys/Realität),载于《现实/博伊斯/现实,展览目录》,曼海姆艺术博物馆(曼海姆,1976),第9页。
[2] 博伊斯在学院教室内拍摄的一张照片中戴着帽子,照片的日期为1951年至1954年(阿德里亚尼·康纳兹和托马斯,《约瑟夫·博伊斯》,第35页)。
[3] 塞西莉亚·利维埃罗·拉维利(Cecilia Liveriero Lavelli),"小屋",见塞曼编辑《约瑟夫·博伊斯》,第263—264页。
[4] 在接受克里斯蒂安·霍夫曼斯采访时,引用自霍夫曼斯,《约瑟夫·博伊斯》第19页。

兴趣的是"这种能量持续存在的现实和不断增长的存在"。[1] 诺瓦尔德将博伊斯赋予所选择的材料以意义的过程与他可能的合作者——当代艺术家罗伯特·莫里斯（Robert Morris）的毛毡作品进行了对比。莫里斯的作品趋向于"物质现实主义"，在他那里，材料及对其操纵绝对是反幻想、反表现性的，没有给观者带来任何情感上的参与或审美上的愉悦。[2] 相比之下，博伊斯并未暗示热的物理表现，而是意味着一种精神上的潜能，"作为一种进化的原则"，一种精神上的温暖的品质，建立了观念与（精神）现实之间的关系。诺瓦尔德将博伊斯的艺术理论，尤其是他对温暖的思考，与基督教的"圣餐变体论"观念联系在一起，将物质转化为经文的"道"。[3] 而且，博伊斯作品中的神学维度，以及基督救赎和复活的时刻，常常隐含在博伊斯对自己身体的展示中，就像在几场表演中，他的身体被包裹在毛毡中一样。

在博伊斯 20 世纪 60 年代的作品中可以读到基督教的内容；他指出，这种内容在他的表演或行为艺术中最为明显，门内克斯神父也说："在博伊斯接下来的行为艺术时期，基督教元素是一个核心主题。"[4] 在博伊斯的表演中，

---

[1] 门内克斯，《约瑟夫·博伊斯：思想基督》（斯图加特，1996），第 28 页。
[2] 诺瓦尔德，《现实》，第 113 页。
[3] 同上，第 117—118 页。
[4] 门内克斯，《约瑟夫·博伊斯：思想基督》（斯图加特，1996），第 28 页。

他通过其社会雕塑的概念，将圣像和这些基督教变体的象征符号进行了材料的关联，并将之作为他期望在公众中发生的认知变化的一个类比。

耶稣会士的历史在《曼雷萨》(Manresa)中得到了明确的阐发。那是1966年12月，博伊斯在杜塞尔多夫阿尔弗雷德·施梅拉 (Alfred Schmela) 画廊搬迁时，进行了为期一周的一系列展览和表演。在表演中，博伊斯操纵着一个被改变的十字架形状，连同放置在瓷板上的蜡质十字架，将之作为表演的对象。作为象征符号，这些物品直接唤起了基督教的宗教仪式。这场演出的标题是指西班牙的曼雷萨村，这是天主教历史上的一个重要地点。罗耀拉的圣伊纳爵在蒙特塞拉特大教堂住下后，于1523年写下了他的《神操》(Spiritual Exercises)。[1] 圣伊纳爵后来创立了耶稣会，特别致力于教育和传教工作。博伊斯对圣伊纳爵长期以来一直很感兴趣，这可能与他们生活中的深刻相似之处和类似的危机有关；他在1966年访问了曼雷萨，在他的图书馆里有一本《神操》。[2] 在皈依基督教之前，圣伊纳爵和博伊斯一样，也曾是一名军人。《神操》展示了圣伊纳爵的自律、禁欲和反省之路，使他从暴力的生活中走出来，并为他开悟和"获得上帝的恩典"做好了准备。圣伊纳爵试

---

[1] 阿德里亚尼、康纳兹和托马斯，《约瑟夫·博伊斯：生活与作品》，翻译：P. 莱赫（纽约，1979），第143页。
[2] 乌韦·施尼德，《约瑟夫·博伊斯：行为——带注释的工作图纸与照片文件》（奥斯特菲尔德-鲁特，1994），第154页。

图将他的经历作为一个延伸的教训来服务于他人。[1]

在某一层面上,《曼雷萨》纪念了这第一个耶稣会士,纪念了他的皈依时刻,纪念了他个人的思想和灵修的过程。作为一名战后德国人和前纳粹空军士兵,博伊斯也重新解读了圣伊纳爵的自我完善过程,其中包含了基督教的救赎,以质疑大屠杀之后艺术在宗教和灵性信仰中的普遍作用。《曼雷萨》也围绕着对灵性和社会状况的彻底改变(或转换)的渴望——这也是20世纪早期先锋派的乌托邦式追求。

后来的《欧亚大陆》(1967年)和《凯尔特人+～～～》(1971年)同样以基督教为主题。博伊斯在后一作品中,把两段《圣经》中的引用打上括号。他先是给一些(预定的)观众洗脚,然后用他自己的"洗礼"来结束:坐在浴缸里,让水浇在他身上。《凯尔特人+～～～》仍然是博伊斯艺术中最尖锐的基督论的自嘲。在1984年的一次电台采访中,博伊斯被问及在巴塞尔洗脚的问题:

> EP:这似乎在一定程度上激怒了公众。我相信那是因为人们将其解释为:艺术家约瑟夫·博伊斯认为自己是基督般的救赎者,或者说是新未来或乌托邦的开创者。你是吗?

---

[1] 参见弗里德里希姆·门内克斯,"约瑟夫·博伊斯:曼雷萨",见《约瑟夫·博伊斯:分歧的批评》(利物浦,1995年),编辑:D. 西斯尔尔伍德,第154页以下。

JB：不，我不认为自己是救赎者，但我想指出个人的潜力，他有能力救赎自己……除了承担基督的角色，个人没有其他的可能性。因为我的出发点是假设一个更高的人的形式出现了——他实际上除了一个更高的人，一个更高级的我，什么也不是，他只是相应的神性的显现——这是清晰可见的，并且也包含这样的信息，基督住在每一个人里面。无论我是否希望如此，基督的本质存在于我里面，就像在每一个人里面一样。所以可以说，每一个人的活动都伴随着这个更高的我，基督住在这个更高的我里面。非常简单。这个更高的我是作为人类可能性的高度发展的形式，特别是与他的未来发展有关的高度发展的形式。[1]

门内克斯神父相信，博伊斯的作品涉及基督教的神圣存在，它至少在一定程度上体现了对基督教仪式的遵守，或作为灵性现实的标志。然而，博伊斯似乎把一种普遍的救赎和改变的潜能归功于基督的形象，这种潜能超越了这位历史人物，进入了世俗和艺术领域。

博伊斯的表演展示了仪式的基本属性——从日常事件中分离出来，作为阈限经验，或作为"标记的时间或地点"；依赖于规划和规范；在它们对目标的潜在冲动中，通

---

[1] "约瑟夫·博伊斯与伊丽莎白·菲斯特对话"，见门内克斯，《约瑟夫·博伊斯：思想基督》，第84页以下。

常在本质上是圣餐变体；在特征上是"唤起的呈现风格"，要求观众有一种专注和集中的精神状态，通常是通过操纵物体或图像或其他类型的联觉体验来达到此种状态。[1] 仪式也是自我意识的消解，或者说是作为"社团"经验的一部分的"自我的丧失"，即集体中的成员感："一种充盈的关系品质，未经中介调解的交流，在明确的和决定性的各种身份之间，在各种群体、情境和环境中自发地产生。"[2] 因此，世俗仪式为个人恢复了一种积极的公共环境。也许最重要的是，世俗仪式对观看者进行了特殊的激活，它鼓励个人作为特定仪式中的行为者的"积极的自我概念"，以及个人"控制着自己的行动和环境"的感觉。[3] 这种自我概念的结果是在仪式结构中产生了个人的创造性行动。鉴于社会生活中的社会和文化任务繁多，这种积极性和自我赋权感对个人来说是很难在严格限制的仪式经验之外达到的。与他的泛神论观点相一致的是，博伊斯表演的仪式结构不仅包含了基督教，还包含了萨满教和世俗神学。舞台

---

[1] 这些仪式的定义来自：卡罗尔·邓肯（Carol Duncan），"艺术博物馆作为仪式"，《文明化的仪式：公共艺术博物馆的内部》（纽约，1995）；玛格丽特·米德，"艺术与现实"，见《大学艺术杂志》，Ⅱ/4（1943年5月），第119—121页；萨利·F. 莫尔（Sally F. Moore）和芭芭拉·G. 迈尔霍夫（Barbara G. Myerhoff），"导言：世俗仪式、形式和意义"，《世俗仪式》（阿姆斯特丹，1977），萨利·F. 莫尔和芭芭拉·G. 迈尔霍夫编辑，第3—24页。仪式的边缘性的概念是由人类学家维克多·特纳在"框架、流动和反思：公共场合中的仪式和戏剧的边缘性"中提出的，见《后现代文化中的表演》（密尔沃基，威斯康星州，1977），M. 贝纳穆（M. Benamou）和C. 卡拉梅罗（C. Caramello）编，第33—55页，以及"边缘性主题的变奏曲"，《世俗仪式》，第36—52页。
[2] 特纳，"边缘性主题的变奏曲"，第46页。我强调的重点。
[3] 同上，第50页。

上的动物尸体和肥大的造型进一步指向了神圣空间的古老方面：神圣的空间，在这个空间里，动物的神圣祭祀是对神圣的不朽的纪念。因此，博伊斯在他的表演中经常提出的阈限空间或神圣空间指向基督教神学，同时也强调了更广泛的、史前的仪式实践，是对原始的救赎时刻的集体纪念。[1] 事实上，博伊斯的许多文献都将他的行为表演及其衍生物品理解为精雕细琢的宗教崇拜仪式或带有萨满教内容的治疗仪式。

通过在他的表演中找回仪式过程的框架，并将宗教仪式中常见的阈限空间的概念应用到艺术空间和某种神学图像和象征符号中，博伊斯希望将潜在的救赎之光重新唤醒到艺术的集体审美体验中。在这样做时，他将一种记忆的身体重新引入到艺术中，这种记忆的身体远远超越了他的自我和传记。然而，对于博伊斯来说，个人的变化潜力——也是他在表演中指出的神圣元素——仍然是遥远的、乌托邦的一个方面。

---

[1] 埃利亚德，"神圣空间和让世界变得神圣"，载于《神圣与世俗：宗教的本质》（纽约，1987），翻译：W. R. 特拉斯克，第 99—102 页。

3 表演、自传、"生命历程/工作历程"

1961年11月,博伊斯开始被任命为杜塞尔多夫学院的纪念性雕塑教授。这次任命是他第二次申请这一职位的结果;1958年的第一次申请,没有得到学院参议院的认真考虑,因为当时他的导师马塔雷对自己的学生投了反对票——据说是因为他相信博伊斯"作为学院的老师会失败,因为他会压倒他的学生"。[1] 博伊斯的另一位批评家、画家卡尔·奥托·戈尔茨(Karl Otto Götz)在他的回忆录中提到,马塔雷曾对他说:"你不能任命博伊斯,这个人是个疯子!"[2] 这些评论的来源,海纳·斯塔赫豪斯(Heiner Stachelhaus)也指出,学院的地位是在1938年因雕塑闻名而确立的,并因此一直延续到

---

[1] 海纳·斯塔赫豪斯,《约瑟夫·博伊斯》(纽约,1991),翻译:D. 布里特(D. Britt),第33页。这本传记最初是在1987年以德语出版的。斯塔赫豪斯没有提供任何来源或脚注。

[2] 同上,第79页。斯塔赫豪斯提到他从戈尔茨的四卷本《回忆录》(亚琛,1993)中提取了这些信息。

1961年，将第三帝国时期颁布的艺术定义制度化。在接下来的二十年里，博伊斯将致力于瓦解这种法西斯主义的媒介概念，以及艺术本身。在1991年的一次采访中，他的朋友——马塔雷的同学兼教员埃尔温·海因里希（Erwin Heerich）说，从他被任命的那一刻起，博伊斯就与海因里希就雕塑的定义和教学法进行了长时间的讨论，他认为这两者都是进入"社会问题领域"至关重要的、必要的扩展，尽管他不确定其结果是否还能被称为雕塑[1]。

尽管博伊斯获得了一份学术任命，但他在20世纪60年代早期的展览并不成功，因为他面临着实际的障碍和公众的敌意。例如，博伊斯1961年在克莱沃的科克科克之家博物馆（Koekkoek-Haus）举办的展览简直就是一场灾难。汉斯·范·德·格林顿（Hans van der Grinten）批评了博伊斯的雕塑图像盒或"塑形图片"（plastische Bilder），因为它激起了最严厉的批评和公众的愤怒，也因为博伊斯在当时的公共话语中普遍的负面声誉。弗朗茨·范·德·格林顿创造了"雕塑图像"一词来描述博伊斯在20世纪50年代末开始建造的小型盒子状的组合作品。[2] 可以说，博伊斯

---

[1] 参见阿德里亚尼、康纳兹和托马斯，《约瑟夫·博伊斯》（科隆，1994），第48页。
[2] 汉斯·范·德·格林顿，"约瑟夫·博伊斯摊位展（Stallausstellung），1963年激浪派在克拉嫩堡"，见《展览的艺术》，编辑：克鲁泽和K. 黑格维施（K. Hegewisch）（法兰克福，1991），第172—177页，介绍了50年代他和弗朗茨·约瑟夫（Franz Joseph）在克拉嫩堡（在他们家，1953年）、伍珀塔尔（市政博物馆，1953年）和克莱沃（科克科克之家博物馆，1961年）策划的博伊斯艺术展览。另见阿德里亚尼、康纳兹和托马斯，《约瑟夫·博伊斯》，第26页以下。

从 1963 年左右开始,在更大型的玻璃艺术作品中继续发展了这种形式。1961 年写给《克莱沃报》的投诉信集中在这些作品和其中的材料上。例如,他的 1959 年的《阿尔卑斯山圆号演奏家》(*Alpine Horn Players*),包含在科克科克之家博物馆展览的目录中,被描述为含有白面包和黏土管。科隆画廊主赫尔穆特·鲁韦尔斯基(Helmut Rywelski)指出,博伊斯的一些较小的作品多年来遭到了破坏,这件事很可能是在 1961 年克莱沃发生的。[1]

在科克科克之家博物馆的公共关系灾难中,博伊斯通过战略上的重大转变做出了回应。1963 年,他再次请来了他童年的朋友范·德·格林顿夫妇,并以"激浪"为名,帮助他改变运气。当时决定,博伊斯的下一次展览将在不同类型的场地举办,希望可以减少展览的攻击性。由于 1963 年秋天,范·德·格林顿农场的马厩闲置,三人决定 11 月在那里举办一个展览。这次展览的主题是"约瑟夫·博伊斯的激浪"。展览的副标题是"马厩展"。[2] 安装照片显示,大楼里的围栏是用玻璃围起来的。喂食槽区域被封闭起来,在其倾斜的表面上放置着图画和雕塑图像盒。

关于这次展览的描述出现在一部已出版的回忆录中,

---

[1] 赫尔穆特·鲁韦尔斯基,《我现在正在做一个盒子:约瑟夫·博伊斯的第一批陈列品》,G. 西文(G. Theewen)编(科隆,2006),第 14 页。
[2] 《约瑟夫·博伊斯激浪派》,展览目录,范·德·格林顿农场(van der Grinten Farm),克拉嫩堡(克拉嫩堡,1963),无页码。

博伊斯在杜塞尔多夫的一位长期的邻居参观了此展览。[1] 她回忆说，展览中有很多博伊斯宝贝儿子温泽尔（Wenzel）的玩具，还有蛋壳和铅兵雕像古玩等其他稀奇古怪的东西，当参观团进入（没有暖气的）展览空间时，农场里的猪都发出了震耳欲聋的叫声。博伊斯带着他的邻居上楼去了——范·德·格林顿兄弟具有禁欲风格的卧室，他在20世纪50年代曾在那里住过一段时间。在那里，他打开了抽屉、柜子和衣柜，里面装的不是兄弟俩的衣物和物品，而是博伊斯多年来存放或摆放在那里的各种物品，如破布、骨头、石头和干枯的植物等，"要么赋予它们价值，要么单纯欣赏它们"。[2] 博伊斯认为，他收集的各种材料和物品在某种程度上与楼下的展览形成了一种非正式的连续统一体，或者说，他把自己收集的物品理解为自己创作的艺术品的一种来源或档案。在楼下，博伊斯把他的雕塑图像盒放在水槽的顶部，靠在畜栏的墙上；它们也被安置在展览空间四处的各种座椅上。

在这个早期的展览中，博伊斯开始使用盒子——或者说他最近被称为"玻璃橱"——将他的物品与他收集和储存在家具抽屉和木制容器中的化石、石头和骨头碎片等物品联系起来。在他的作品中，博伊斯一直延续着这种与非

---

[1] 斯特拉·鲍姆（Stella Baum），"早年与约瑟夫·博伊斯的合作"，《法兹杂志》（*Faz Magazin*），1984年10月19日，第66—74页。
[2] 同上，第66页。

艺术物品的联想，这也造就了他的反艺术风格。同样值得注意的是，博伊斯首次将家用家具作为他在马厩展览中布置物品的基础或基座，如 1961 年的《猎鹿场上的场景》，这件作品包括了博伊斯在工作室中使用的储物柜。卧室家具也是他的装置作品《我想看我的山》的核心。

马厩展览的观众显然很多，而且还被拍成了电视节目。此外，这也表明博伊斯有意将自己定位于激浪派的轨道上。激浪派是一个松散的艺术家组织，尽管未来几年他可能会拒绝接受激浪风尚的那些主要方面。在马厩展览上，博伊斯的作品标题清晰地将他与当时的其他艺术家联系起来——包括沃尔夫·沃斯特尔、马蒂尔·雷塞（Martial Raysse）、卢西奥·丰塔纳（Lucio Fontana）和伊夫·克莱因（Yves Klein）——但最重要的是，他强调了自己与激浪派团体的联系。他不仅在展览的标题中这样做，而且在展览中包括的十四个艺术作品的标题中也这样做，比如"激浪派—谎言（啦啦啦）"（1963 年），一个由纸板和黏土制成的盒子。其他作品则是献给他见过的激浪表演者的，比如白南准和艾莉森·诺尔斯（Alison Knowles）。同年 2 月，博伊斯邀请了激浪的表演者和音乐家到杜塞尔多夫学院参加"激浪盛会"，在那里他演奏了西伯利亚交响乐团的第一乐章，作为联合音乐会的一部分。正如汉斯·范·德·格林顿所述，在 2 月份的活动期间，博伊斯在学院礼堂激浪音乐厅外的走廊上放置了一些桌子，桌子上的玻璃柜装满了他的盒子和其他"元素"。范·德·格林顿认为，这些玻璃橱窗和它们的物品可以被解读为"一个象征性的句子的定型谱"——有人认为这是在引用博伊斯自己的《西伯利亚交响曲》。[1] 很显然，博伊斯在展出之前，就已经将马厩展览中的盒子和玻璃橱窗与激浪联系在一起，并且在1963年2月他最早的一次演出中，在杜塞尔多夫学院的大厅里，也曾用玻璃橱窗展示过他的更大的作品。

在德国农村的一个工作农场中，靠近牲畜的地方，"马厩"展览的地点非常引人注目。博伊斯将其称为"动物激浪"，并将他和他的作品置于反现代的现代主义阵营中。就现代艺术展览常见的展览场地和惯例而言，"马厩"展览在精神上更接近于现代主义主流的反现代遗址——普纳乌亚、马尔萨斯群岛、沃普斯韦德或阿尔勒，而不是城市画廊。博伊斯决定把这个展览放在一个偏僻的农村展览地，是对战后艺术展览中占主导地位的名声大噪的城市画廊环境不同寻常的拒绝。当然，博伊斯很快就会在白盒子形的现代主义画廊和博物馆中展出他的作品。但他提及的玻璃房、家用家具及其木质表面，有时是相互关联的，这使他的艺术与尼德黑因地区的乡村文化联系在一起，而尼德黑因地区对他个人和艺术上的影响是如此之大（尼德黑因是北莱茵河北威斯特法伦州莱茵河的下莱茵地区，南面与诺伊斯

---

[1] 汉斯·范·德·格林顿，"约瑟夫·博伊斯摊位展"，第174页。

和杜塞尔多夫市接壤,北面与埃默里希市接壤)。

值得注意的是,1961年在科克科克之家博物馆展览的目录以"约瑟夫·博伊斯在一张纸上的便签"一栏开始,这是一组关于他自己的生活以及这位艺术家传记的简短记录。这些评论标志着博伊斯数十年来对自传体艺术的尝试的开始。它也被认为是博伊斯声名狼藉的"生命历程/工作历程"文件的早期版本。这本"笔记"包括了博伊斯在战争期间访问或"触摸"过的各个地方的"基本印象",以及文学、音乐和自然科学领域的其他经验。1961年的"笔记"还揭示了博伊斯的朋友和收藏家对他早期的自我介绍的形成性影响,或者说是决定性的影响。

范·德·格林顿夫妇的评论紧随这篇文章之后,并对其进行了注释。正如他们所解释的那样,这些"印象派"笔记是博伊斯对他们在准备写传记文章时向其提出的一系列问题的答复,但他们并未决定将博伊斯的所有答复以未经编辑的形式收录进来,因为"它们作为一种解释,更能突出博伊斯的履历……。它们的自发性……给人以艺术家个性的直接印象",即使它们"需要解释"。[1] 范·德·格林顿对博伊斯的自我介绍的决定性影响是显而易见的。例如,"笔记"中尴尬地列出了四件近期的作品,并以标题和

---

[1] "约瑟夫·博伊斯笔记"的注释,见《约瑟夫·博伊斯,素描,水彩画,油画,范·德·格林顿收藏的塑料图片》,展览目录,科克科克之家博物馆,克莱沃(克莱沃,1961),无页码。

一些"文学印象"为题,同时,博伊斯还说这两件作品最好从目录中省略。这样看来,在这次合作中,范·德·格林顿家族似乎占了上风,或者说至少是有发言权。也许范·德·格林顿认为,博伊斯文本的非正式格式和风格可以更好地实现博伊斯的愿望,即"传记不应该用目录和报纸上随处可见的传统形式来处理,而应该提供一种艺术家的传记形式",这种形式可以表现为更个人化、自由的或大刀阔斧的风格。[1]

博伊斯在目录中声明的格式更接近于诗歌,因为它被插入的箭头所标点,作为旁注或涂鸦被纳入其中。这些注释提出了一个艺术家生平的日期和地点,同时也反思了文学形式本身的惯例。他列出了他在战争时期的服役日期("斯图卡时期")。博伊斯将这些地方描述为"在战争中被触动的地方",他在他所经历的领土和城市列表中突出了俄罗斯南部和巴尔干地区:亚速海;库班;俄罗斯南部的草原,他补充说是"鞑靼人的家园,鞑靼人想把我进他们的家庭";克里米亚及其他地方,辛菲罗波尔、塞瓦斯托波尔和刻赤;"希腊人的科尔基斯(Colchis)或当代格鲁吉亚;敖德萨;以及克罗地亚,他特别到了萨瓦河或乌纳河。

博伊斯列举了一个人生事件,其中包含了一个奇

---

[1] "约瑟夫·博伊斯笔记"的注释,见《约瑟夫·博伊斯,素描,水彩画,油画,范·德·格林顿收藏的塑料图片》,展览目录,科克科克之家博物馆,克莱沃(克莱沃、1991),无页码。

怪的修正：在为范·德·格林顿指出他的出生时，博伊斯说："我总是说是在克莱沃，因为在克雷菲尔德的出生纯属偶然。"博伊斯在他的艺术创作中继续运用了文字改动和添加的策略。当然，这种特殊的改动可能被视为谎言，或者更宽泛地说，是一种诗意或行动化的手段。他在他的简历风格的"生命历程"文件中使用了这一点，在1964年的亚琛新艺术节上以小册子的形式分发。博伊斯转向"接近真实"或"虚构"可能是一种手段，通过这种手段，他可以在自己的人生中与命运的现实协商。它也挑战了一个流派的艺术家传记的传统观念。帕梅拉·科特认为，博伊斯这样做是"通过进一步向后看，追溯他童年的不受拘束之所。在那里，他发现了一个充满希望的、开阔的空间，在那里他可以无拘无束地四处闲逛，摆脱了不可改变的历史进程的限制"。[1] 虽然博伊斯的《竞技场》（1970—1972年）和《爱尔兰的秘密街区》（1974年）被定位为自传作品，但几乎没有具体证据表明这些装置作品与博伊斯的生活或童年有关。可以说，是马塞尔·杜尚和马克斯·恩斯特发起了这次自我策划的回顾展（也被称为"专著"）。

博伊斯改变了自己的出生地点和生日的事实——他从1961年开始，然后在"生命历程"文件中刻画了这一模

---

[1] 帕梅拉·科特（Pamela Kort），"约瑟夫·博伊斯的美学，1958—1972"，见《约瑟夫·博伊斯：分歧的批评》，编辑：D. 西斯尔伍德（利物浦，1995），第70页。

式——似乎测试自传的局限性。特别是在法国，从20世纪50年代末开始，人们对自传的稳定性和"真实性"提出了广泛的质疑。让·保罗·萨特在这一时期的《寻找方法》(Search for a Method，1957年）和《词语》(The Words，1964年）两本书中，探讨了自传作为项目的概念，因此赋予写作主体更大的能动性，并在《词语》中把这些观点应用于他自己的生活故事。激浪派艺术家白南准指出，这些年存在主义思想在约翰·凯奇和激浪派圈子里的重要性。[1] 博伊斯在1961年举办科克科克之家博物馆展览时，就已经很熟悉《寻找方法》了。到了20世纪70年代，罗兰·巴特、乔治·佩里克（Georges Perec）和塞尔日·杜布罗夫斯基（Serge Doubrovsky）废除了小说和自传之间的区别。在接下来的十年里，艺术家索菲·卡勒（Sophie Calle）和辛迪·谢尔曼（Cindy Sherman）等人也开始了这项计划。因此，与那些谴责博伊斯自传作品不诚实的保守批评家的说法相反，它可能更准确地被视为20世纪60年代及之后，在传记的激进化语境下，博伊斯帮助建立了视觉艺术中一个有影响力的文化发展趋势。[2] 博伊斯的自我形象虚构化策略与他在克里米亚军机失事后被救出这一事件截然不同，后者

---

[1] 白南准（1960年），引自《中间性、对抗性、实验性：玛丽·鲍尔梅斯特在科隆的工作室，1960—1962》（科隆，1993），编辑：W·多斯特尔（W Dörstel）和R. 马茨（R. Matz），第51页。
[2] 关于法国激进自传的形式，另见约翰尼·格拉顿（Johnnie Gratton），"导言：主体的回归"，见《主体问题》（阿姆斯特丹，2000），编辑：P. 吉弗德（P. Gifford）和J. 格拉顿，第1—27页。

涉及情感或感官记忆和创伤。

博伊斯很快就发展了他的表演实践和方法,其目的与乔治·马奇乌纳斯(George Maciunas)的"激浪"和约翰·凯奇的前卫主义策略完全相反。根据马奇乌纳斯的说法,"激浪"应该是"集体的精神"——反个人主义的,目的是取消制度化的资产阶级艺术市场,马奇乌纳斯谴责它是"欧洲主义的世界"。[1] 与前卫派的马奇乌纳斯不同,博伊斯想要的不是取消这一艺术市场,而是激进地扩大艺术的范畴。[2] 而与激浪不同的是,博伊斯试图将作为其表演的决定性因素中的机会的作用降到最低。他的表演从来没有像布莱希特事件或激浪事件那样以日常琐事为中心。在整个表演过程中,他表现出了最大的专注。他在精心的准备中强调了他的表演与日常事件的严格分离,并将表演空间转化为一个限定的地带,一个徘徊在圣餐仪式与其变体的边缘的地带。最后,马奇乌纳斯设想通过扩大艺术在社会中的作用来实现艺术的蒸发,艺术"必须是无限的,人人都能获得,人人都能生产"。因此,没有任何一个艺术生产者可以声称自己是有意义的。他认为,激浪艺术家也必须在对个人主观表达的消解中"展示(他们自己的)可支配性"。有什么比表演者在表演节期间散发自传性文件/作

---

[1] 乔治·马奇乌纳斯致 T. 施米特(T. Schmit)的信,1962 年 1 月,重印于阿德里亚尼、康纳兹和托马斯,《约瑟夫·博伊斯》(纽约,1979),翻译:P. 莱赫,第 82—84 页。
[2] 见托马斯·凯莱恩,"激浪派",《激浪派》(巴塞尔,1994),第 139 页。

品的扩大版而能更有力地否定这种想法呢?

鉴于他对激浪派的矛盾心理,也许并不奇怪,这将是博伊斯最后一次作为艺术节的一部分露面。1965年后,他开始越来越多地进行个人"行为"或表演,从《酋长》(西柏林,1964)开始。在亚琛,他投入到"生命历程/工作历程"项目中。作为他的"笔记"的一种延续,该文件将他一生中的重大事件作为展览(如他的出生,该文件的第一个条目:"1921年:用绷带包扎伤口的克莱沃展览")。这些日期从1921年一直延续到1964年,其中有几项记录的年份是博伊斯不到10岁的时候。实际的艺术展览也包括在列表中,如反复引用克莱沃艺术家联盟,这是一个由博伊斯的朋友克莱沃艺术家博克斯和拉默斯在战后重新启动的组织,博伊斯从1946年开始在那里展出他的作品。博伊斯后来在1970年对该文件进行了补充,修改了列表,加入了他在1964年后实际创作的艺术作品的标题。

博伊斯可能在1970年、1979年或1984年停止了对该文件的补充。科特指出,博伊斯的朋友、收藏家海纳·巴斯蒂安(Heiner Bastian)在20世纪70年代初对该文件进行了"补充",这就证实了"生命历程"的后期版本没有得到博伊斯的批准的可能性。它提供了关于博伊斯的第一个重要出版物,即戈尔茨·阿德里亚尼、康纳兹和托马斯的《约瑟夫·博伊斯》(1973年,第三版1994年)的结构,该书的开头也全文转载了该文件。1979年的英译本为这本书增加了一个重要的副标题：生活与作品。此外，"生命历程"被放置在博伊斯最重要的展览目录的前面，该展览于1979年在纽约的古根海姆举行。因此它被提出来，就好像是博伊斯艺术的一份纲领性文件，尽管它究竟设置了什么，仍然是一个问题。

"生命历程"的文件表明，激进的自传在博伊斯1961年的"笔记"之后很久仍是他的试金石；该文件被描述为是为博伊斯的艺术建立了一种讽喻美学。它被认为是一种美学，表明博伊斯一生都坚持詹姆斯·乔伊斯的思想，但除此之外却没有任何形式上的特征或品质。[1] 然而，博伊斯确实是在60年代当代艺术的大背景下工作的，他相当适应这种环境，这在他的马厩展览中得到了证明。围绕着"生命历程"文件，博伊斯的艺术前景似乎也涉及对博伊斯作品的接受，这种接受从范·德·格兰登兄弟开始，并在其他出版物中延续。它与当时战后先锋派关于艺术与生活关系的主要艺术话语相联系，一个也许在那些年里由罗伯特·劳申伯格（Robert Rauschenberg）提出的最著名的主题。[2]

跳出博伊斯的"生命历程"文件，可以肯定的是，博伊斯在他的整个作品中，在一些不同的物件和装置中，又重新探索自己的童年。他的主要自传体作品聚焦于童年，

---

[1] 科特，《约瑟夫·博伊斯的美学》，第65页。
[2] 关于艺术作品和风格与艺术家个性的关系，请参见理查德·希夫（Richard Shiff），"艺术与生活：隐喻关系"，见《批判性调查》v/1（1978年秋），第107—122页。

包括《浴缸》(Bathtub, 1960)，据说这件作品以婴儿博伊斯洗澡的浴缸为主题；《我想看我的山》，其中包括重建博伊斯童年卧室的示意图；以及《电车站》，这件在威尼斯双年展上展示的装置作品，后来被拆除或"储存"，并作为文物在两个收藏中展出。原作由奥特洛的科罗尔·穆勒（Kröller-Müller）博物馆收藏，另一个版本在柏林汉堡火车站展出，属于桑姆龙·马克思（Sammlung Marx）。1979年博伊斯在纽约古根海姆博物馆举办的展览中，这部拆卸后的作品占据了重要位置。这些作品共同致力于表现童年记忆，作为艺术创作的基石，这也是超现实主义者所着迷的。

20世纪60年代，西德精神分析学家和文化评论家亚历山大·米切尔利希（Mitscherlich）就已经认识到了博伊斯和超现实主义之间的联系。[1] 在他对德意志民族精神创伤的分析发表前几年，1965年米切尔利希在广播电台发表了一篇演讲，《发生的事危险吗？关于不与艺术中的当下达成一致的想法》。在这篇演讲中，米切尔利希批判了德国相对较新的表演文化复兴，尽管从1960年开始，德国就已经有了表演，而且在魏玛共和国时期，舞台表演在德国已经很普遍。其中，米切尔利希引用了博伊斯的例子，并谴责他的艺术只是简单地重温了以前许多现实主义的艺术形式的"新现

---

[1] 米切尔利希最出名的是他与妻子玛格丽特（Margarete）完成的研究《无力哀伤：集体行为的原理》(1967年；英文译本1975年)。他还研究了艺术史。

实主义","明显缺乏'艺术'天赋"。他引用博伊斯道:

> 这些,你可能会认为是原始的灵媒,直到现在还处于激活许多个人中心的位置,这些人仍然对人类痛苦、疾病、战争、集中营等最可怕的表现无动于衷。对许多人来说,因果关系与非因果性并置是无稽之谈。而一个与现实相联系的理性,是必然包括思想的两面的。[1]

米切尔利希继续争辩说,博伊斯的"无稽之谈"表演意在超越平庸,将观众推进到一种奇妙的状态,即超现实主义意义上的奇妙状态。米切尔利希声称,在这样的表演中实际发生的只是偶然性的调用,因为奇迹的状态无法再被激活。根据米切尔利希的说法,艺术家激发观众的承诺并没有实现。他接着说,与超现实主义者的作品相比,这是多么大的不同啊。超现实主义者们雄心勃勃,希望通过将艺术领域与日常生活联系起来,改变人类的意识。与他在法兰克福学派的同事赫伯特·马尔库塞和西奥多·W.阿多诺的观点一致,米切尔利希认为,托马斯·施米特的《水桶(或瓶)的循环》(1959年创作,1963年表演)只是复制了构成许多个人的雇佣的平庸活动。他认为,克里斯

---

[1] 约瑟夫·博伊斯,由米切尔利希引用,"正在发生的事情是危险的吗?对未解决的艺术现状的思考",广播地址抄本,黑森广播公司(法兰克福,1965年),第2页。

托 1962 年的临时装置作品《油桶之墙——铁幕》(*Wall of Oil Barrels — The Iron Curtain*, Rue Visconti, Paris, 1961—1962 年) 用堆叠的油桶封锁了巴黎一条狭窄的街道, 隐约指的是革命中的巴黎路障, 但不清楚它在 20 世纪 60 年代初抗议的是什么, 因为它被安排在巴黎的一条小巷里。他指出, 在大众文化社会中, 即使是"罪人"也不再容易被识别, 因为他们已经融入了系统化的大众生产机器中。由于这种艺术退到了无为的境地, 消除了艺术与生活现实之间的任何紧张关系, 它不再抗议不公和谋杀, 而是玩弄同样的幻想, 因为"目标是消除所有的紧张关系, 一个千年帝国的无紧张社会"。米切尔利希总结说, 尽管如此, 新艺术的贫乏材料和活动中可能蕴藏着巨大的天赋。"可能是这样的", 他写道:

> 现代大众的竞技场是如此广阔, 技术产品是如此彻底地饱和, 除了陷阱什么也找不到……如果那些使我们今天失望的平庸、幼稚的挑衅方式和技术的贫乏, 还不能成为培养伟大天才的土壤, 那就没有人知道了。[1]

米切尔利希对当代行为艺术的失望抱怨来自于他的信念, 即这些当代艺术家不再表现出那种"无法忍受的视觉

---

[1] 亚历山大·米切尔利希, "事件——有组织的胡说八道?", 《新观察》 *Neue Rundschau*, lxxvii/1 (1966), 第 114 页。

执念",这种执念促使超现实主义者马克斯·恩斯特在《自然史》(*Natural History*,1926年)系列中发展出了拓绘(frottage),他的这种技术可能是基于他小时候对自己房间里的桃花心木图案的记忆。米切尔利希指出,马克斯·恩斯特将他对无意识经验的非自愿记忆(eine Passage durch Stationen unbewussten Erlebens)归类为其风格的组成部分。超现实主义艺术的文化力量在于它从根本上修正了人类的感知过程。超现实主义者的不同实践往往集中在记忆的力量和使用上,以及它在无意识和生活经验之间的中介作用。偶然性是超现实主义者在艺术过程中为追求"世俗的启迪"而引用的一种手段。这种闪光的洞察力——与瓦尔特·本雅明和路易·阿拉贡所确定的神学方面的启迪和转变相平行——将揭示资本主义下生活状态的破败。米切尔利希确信,新艺术根本没有分享超现实主义改变人类意识的巨大野心,将艺术和日常生活的领域连接起来。

被公认为是博伊斯最伟大的作品之一的临时装置《电车站》涉及了与1965年米切尔利希所讨论的类似的一系列问题。在作品中,博伊斯再次涉及他童年的自传性细节,同时,作品探讨了雕塑与创伤、时间和自我问题的关系。[1] 在一个层面上,《电车站》重建了一个17世纪纪念碑的废

---

[1] 在吉恩·雷的文章《约瑟夫·博伊斯和奥斯维辛集中营之后的崇高》中,他将电车站理解为"一个有效的杀人中心的抽象模型"或集中营。见《约瑟夫·博伊斯:图绘遗迹》,第69页。

墟，这是博伊斯在克莱沃《致铁人》电车站旁遇到的，他小时候曾使用过。这件作品是一个改变过的现成品，因为它的大部分是复制品，是克莱沃现有公共纪念碑的铸铁复制品。在 1976 年，旧的克莱沃纪念碑由一个主垂直柱组成，柱子上有一个蛇头的细节，周围有较小的、蹲伏的、圆柱形的造型。正如克劳斯·加尔维茨（Klaus Gallwitz）所展示的那样，该遗址最初被一个墓碑所占据，1653 年摄政王约翰·莫里茨·冯·拿骚（Johann Moritz von Nassau）在对克莱沃村进行重建时，将其替换掉了。[1] 摄政王架起了一门装饰有蛇形标记的大炮，并在大炮周围布置了原始的迫击炮弹作为游客的座位。这种军事装备曾在围攻附近村庄申肯申茨（Schenkenschanz）时使用过。这些军备标志着摄政王在镇上新建的大道交叉口。加尔维茨说，在 17 世纪末，法国军队在与荷兰的战斗中，曾推翻了加冕的炮球和丘比特之冠，后来这两样东西消失了。他还指出，1654 年的一幅雕刻，其中有克莱沃的景色，描绘了柱子和迫击炮。

博伊斯修改了他为威尼斯双年展铸造的《致铁人》，将一个雕塑的人头放在炮口上。他还将重铸后的铁器造型与三个额外的元素并置：一个小碎石堆、一段插入地面的铁

---

[1] 克劳斯·加尔维茨，"记忆车站：约瑟夫·博伊斯和他的电车站"，见《爱德华·特里尔的纪念文集》（柏林，1981），编辑：W. 施皮斯（W. Spies）和 J. 穆勒·霍夫斯泰德（J. Müller Hofstede），第 311—328 页。

轨和同一地面上的一个洞，从洞中现出一个类似曲柄的铁杆。[1] 正如他向乔治·贾佩讲述的那样，这座纪念碑在他小时候就给他留下了深刻的印象：

> 在这个地方，作为一个小男孩，我体验到了，一个人可以用物质材料表达一些巨大的东西，一些对世界相当有决定性的东西。这就是我的体会。或者说，让我们说，整个世界取决于几块材料的星座……没有任何内容进入发挥作用——例如，我没有记录，当时有装饰品的顶部，有一种龙的头，等等……我只看到有一个铁柱，有铁元素，以不同的形式躺在周围沉入土中，并露出来……我经常坐在那里……用现在的语言来说，我让自己沉沦在这种——是的，沉沦在这种被其他东西看到的状态中。我经常在那里坐上几个小时，大概，沉浸在这种情况下，很简单，进入了这种情况。所以，这种体验是……一个人可以用形式来制造一些东西。[2]

博伊斯将自己完全沉浸在这种形式的排列中描述为一

---

[1] 莱因哈德·埃尔曼（Reinhard Ermen）说，2000 年在克莱沃的库尔豪斯（Kurhaus）博物馆举办的《电车站》的"仓库"或拆除后的状态的展览中，博伊斯的前学生比阿特丽克斯·萨森（Beatrix Sassen）就该展览提起了诉讼，声称自己是《电车站》的部分作者，因为她创作的头像被博伊斯纳入了 1976 年的原始装置中，然后他复制了这个头像，并在 1985 年将其放置于皇宫（Palazzo Regale）的一个玻璃柜中，还收录在《电车站》多个版本中。杜塞尔多夫法院于 2003 年判决她败诉，认为该作品已被博伊斯充分改变，成为另一件作品。莱因哈德·埃尔曼，《约瑟夫·博伊斯》（莱因贝克，2007），第 135 页，n. 2。
[2] 乔治·贾佩"访谈"，见《约瑟夫·博伊斯：图绘遗迹》，第 189—190 页。

种"情境"——这表明在他年轻的时候,虽然他还没有将材料和形式作为艺术来把握,但他确实明白这意味着一些宏大而重要的东西。当时的男孩还不知道,这组作品是为庆祝当地摄政王对邻近村庄的军事胜利,同时也庆祝了摄政王在军事冲突中对武器的控制。这是西方世界成千上万的军事纪念碑所共有的品质。

也许是受到雕刻在大炮表面的蛇的暗示,雕刻家博伊斯后来认出了克莱沃记号与一位先祖的共鸣,即公元前1世纪的古代的《拉奥孔和他的儿子们》。《拉奥孔和他的儿子们》是一个希腊雕塑,以其对一个神话冲突和暴力时刻的生动描绘而闻名。在教皇尤利乌斯二世统治期间,它在罗马被发现,古拉奥孔成为定义现代雕塑的辩论的中心。这一争论在20世纪70年代的极简主义备受争议的接受中再次出现,也就是博伊斯创作《电车站》的那几年。

1766年,莱辛(Gotthold Ephraim Lessing)写道,拉奥孔的匿名雕塑家必须遵循"他的艺术的特殊对象及其必要的限制"。现代主义者莱辛认为,由于雕塑媒介局限于空间的表现,这种视觉艺术不能在时间上进行延伸,也不能包含持续时间或序列的方面。然而,雕塑可以暗示身体在前后的位置,因为他认识到"所有的身体……不仅存在于空间,也存在于时间"。出于这个原因,拉奥孔的雕塑家不得不选择一个动作的单一瞬间来表现,因为视觉艺术("绘画")必须"选择一个最能暗示的,而且从这个动作中最容易理解前面和后面的动作"。[1] 20世纪70年代围绕雕塑的艺术话语再次质疑雕塑形式与空间的关系,以及它如何解决时间经验的问题。一些批评家认为,极简主义的激进形式不仅拒绝了传统的叙事,而且拒绝了一种优先于现在的经验概念。有人认为,在现代雕塑的经验中,时间上的持续性已不再可能。连贯的"心理隐私"的概念也被人厌弃;人们认为,当代雕塑不再坚持"私人自我的合法化要求"。相反,由于其现象学的基础,(极简主义)艺术中产生的意义是"与经验同步的"。[2]

博伊斯在《电车站》中参与了这些新雕塑形式的老生常谈的艺术批评。由于它由现成的复制品和捡来的物品组成,《电车站》不是一件表现主义作品。然而,它是一个雕塑组合,试图挖掘他作为一个孩子时的属于他的经验的深处,然后才可能被观众作为雕塑体验,从而具有意义。博伊斯在定位的孔洞中呈现了作品的实验性的隐喻,它本身就是一条垂直的、下降的轴线,与直立的炮形平行。这个元素从字面上将作品固定在当时威尼斯潟湖上空的位置。每一个垂直元素都是由克莱沃原件中的铁铸成的,博伊斯将其与水平延伸的铁轨联系在一起,铁轨是由大量生产抛光钢制成的。我们从博伊斯的声明中,或许也可以从作品

---

[1] 戈托尔德·埃弗莱姆·莱辛,《拉奥孔:关于绘画和诗歌的界限》(纽约,1962),翻译:爱德华·艾伦·麦考密克,第78页。
[2] 罗莎琳德·克劳斯(Rosalind Krauss)《现代雕塑中的片段》(纽约,1977),第28页,266页以下。

的标题中理解到,这个现成的构图与过去的经历有关,但并没有直接提到冲突的具体时刻。

《电车站》是一个装置作品,它探索了雕塑通过感觉和情感来获取记忆和经验的持久性方面的能力。博伊斯利用雕塑来产生影响,首先是为他自己,然后是为艺术作品的后续观众。就像艺术家博伊斯理解的,雕塑可以体现他童年的遭遇,从而把握记忆——与空间形式和材料有关,与冲突和损失有关——而这些记忆的意义此前一直没有被他发现。[1]《电车站》是一件可以被感受到的雕塑作品,它并没有以现实主义的方式为观者准确地再现一个主体的特定过去经历。它并没有将观众定位为对孩子或艺术家博伊斯的认同或同情。

博伊斯将玻璃瓶和装置都用作文献记录的工具,因为他经常将行为对象或遗物置于其中。前面已举过几个例子:他的装置《资本空间 1970—1977》和《凯尔特人》《凯尔特人+～～～》之间的文献关系;或者他在罗纳德-费尔德曼画廊的装置《来自柏林的最新消息》和他的《我喜欢美国,美国喜欢我》之间的联系。《荒原狼最新作品》(*The Latest from Coyotes*)和他的行为艺术《我喜欢美国,美国喜欢我》之间的联系。人们可能会注意到,考虑到这

---

[1] 术语"遭遇符号"(encountered sign)是吉尔·贝内特的,取自吉尔·德勒兹,见吉尔·贝内特,《移情视觉:情感、创伤和当代艺术》(帕洛阿尔托,加利福尼亚州,2005 年),第 7 页。

些早期的装置,《电车站》表明,在这个空间里可能已经进行了一种表演甚至是一种仪式,尽管它从未成为任何博伊斯的表演的一部分。

《电车站》暗示着运动。这座雕塑延续了博伊斯对垂直和水平交叉点的形式探索,这也是他早期对十字架形式的研究,以及他的脂肪和毛毡角的结构。正如博伊斯所说,他的表演《曼雷萨》(*Manresa*)、《欧亚杖》(*Eurasian Staff*)和《凯尔特人(金洛赫兰诺赫)苏格兰交响曲》也涉及他对水平和垂直"工具"的调遣。博伊斯反复展示他的"毛毡角",即《欧亚杖》中的表演遗物,将它们靠在墙上,从而与展览空间的墙面形成一个中介角度或准角,以此来为展览空间注入活力或改变它。这种角度的缺失——这与博伊斯的乌托邦社会雕塑概念有关——在威尼斯展的装置中是显著的。相比之下,《电车站》的垂直柱子并没有与水平轨道相交。也许是考虑到拉奥孔,博伊斯将铁轨定位为暗示着永久冻结的运动,以及时间的暂停,即莱辛视为雕塑的构成要素的那种东西。这个构图促使我们去寻找平行的水平和垂直元素之间的感觉或认知联系。其中一个可能是在它们共同的材料——铸铁和它的现代后代——钢中找到的。正如瓦尔特·本雅明在他的未完成的拱廊计划中所描述的那样,铁这种材料的冶炼技术是一种有其自身文化历史的技术,它的用处可以从功能工具发展到拱廊这种现代建筑形式的使用。当然,铁的冶炼也是现代战争的核心技术——这也是《电车站》的核心主题。

吉尔·德勒兹提出，以情感或感觉的方式记录的迹象与深思和批判性的参与联系得最为紧密。这些迹象及其感觉给人留下深刻的印象和力量——德勒兹反复使用这个动词来描述情感到思想的关系——主体进入洞察力，甚至是真理。[1] 博伊斯竭力抓住那件克莱沃标记中"对世界具有相当决定性意义"的特质。他认识到，它呼应了西方最著名的雕塑作品中的暴力与冲突的融汇。童年的博伊斯很可能并没有直观地感受到在克莱沃电车站围绕着它的铁制形式的前功能，或者它们与历史上的军国主义和暴力的联系。他不可能预见到，类似的钢轨绵延不绝，会给数以百万计被运往集中营的德国同胞带来巨大的人类苦难，他们被抬着穿过钢轨走向死亡。这就是他的朋友弗里茨·罗尔夫·罗森堡（Fritz Rolf Rothenburg）的命运，在"生命历程"文件中提到，他于1943年在萨克森豪森集中营被杀。罗森堡曾推荐博伊斯向鲁道夫·施泰纳学习。一些资料显示，罗森堡是博伊斯在克莱沃的同学，另一些资料则表明他们关于施泰纳的对话是在波森进行的。（进一步的研究需要对罗森堡的生与死进行研究，这是博伊斯"生命历程"中尚未被研究的一个方面。[2]）位于威尼斯的纳粹时期德国馆的

---

1 吉尔·德勒兹，《普鲁斯特与符号》（纽约，1972），翻译：R. 霍华德（R. Howard），第160—161页。
2 阿德里亚尼、康纳兹和托马斯，《约瑟夫·博伊斯》，第16页。

破旧有轨电车车站，体现了博伊斯和我们对童年"日耳曼尼亚"的回应，即在装置作品中唤起的先于"意义孕育时刻"的那个时刻。

而博伊斯的雕塑作品对之后的创作有何启示？正如超现实主义者所理解的那样，他们的作品涉及心理的运作，这可以追溯到童年。他们也希望通过雕塑来解决外部、社会和物理现实问题，以达到赫伯特·马尔库塞所说的"回忆中的真实乌托邦……回忆激发了征服苦难的动力，追求快乐的永恒。但是，强行的回忆却是沮丧的，快乐被痛苦所掩盖"。[1] 马尔库塞认为，超现实主义对社会状况的明确的政治否定，可以在资本主义后期和奥斯维辛之后被回忆起来。与超现实主义者一样，博伊斯坚持回忆在艺术中的中心地位。回忆是他雕塑作品中所蕴含的一种感性的、具体化的和不由自主的情感。博伊斯认为，回忆最终应该是"对世界具有决定性意义的东西"；他指的是将《电车站》作为"通向未来的纪念碑"。[2]

---

[1] 赫伯特·马尔库塞，《审美维度：走向马克思主义美学批判》（波士顿，马萨诸塞州，1978），第73页。
[2] 加尔维茨，《记忆车站》，第326—327页。

4 浪漫主义科学、医学和萨满教

与他生活和工作的其他方面一样,博伊斯一生对科学局限性的质疑来自于他的战时经历。1941年,博伊斯被派往"波森帝国"或"瓦尔特高"接受无线电操作员的训练,据他说,他是一个"俯冲轰炸机"(Sturzkampfflieger)。[1] 由于士兵可以申请学习假期,博伊斯在新成立的"帝国大学"选修了一些课程。(他说,"这可能是一个机会,通过所谓的科学服务,完全免除在前线的义务,就像我知道的许多人所做的那样"。)[2] 博伊斯向乔治·贾佩讲述了他在那里参加一位生物学家关于变形虫的讲座时,焦虑症发作的一段奇特记忆。"我经历了

---

[1] "帝国"(Reichsgau)一词指的是被纳粹吞并的领土。在波森,这种吞并发生在1939年;该领土在第一次世界大战后被德国割让给了波兰。弗兰克·吉塞克和阿尔伯特·马克特描述了那里的"波森南帝国大学"(Reichsuniversität Posen)以及它在被吞并领土内的德国化进程中的作用。见弗兰克·吉塞克和阿尔伯特·马克特,《飞行员,毛毡和祖国:博伊斯传记》(柏林,1996),第55页以下。

[2] 乔治·贾佩"访谈",见《约瑟夫·博伊斯:图绘遗迹》,第186页。

这样一个事实：这个人把他的一生都献给了几个小动物一样的生物，这让我非常害怕，我说：不，这不是我对科学的理解。"[1] 目前还不清楚是否是这种单细胞动物的规模引起了他的反应。莱茵哈德·埃尔曼认为，这则轶事反而指向了博伊斯对学科界限和限制的憎恶，更普遍的看法是指向他的认识论幽闭恐惧症。尽管如此，当博伊斯回到克莱沃后，在他以前的飞行教练海因茨·西尔曼（Heinz Sielmann）的帮助下，他重新参与非正式的生物学研究——西尔曼在战后几年成为全国公认的自然摄影师和影像制作者，他曾邀请博伊斯和他一起在波森的帝国大学学习生物学课程。从1947年开始，博伊斯担任西尔曼的助手，拍摄了许多自然纪录片。与此同时，博伊斯在绘画中探索了各种动物题材。他还在一件具有冒险性的雕塑作品的材料上，纪念了他作为一个业余自然学家与西尔曼合作的岁月，这件作品很可能是《博伊斯街区》（*Block Beuys*），卡罗琳·蒂斯达尔将其命名为《蜡像》（*Wax Sculpture*，1952或1953年）。该作品由两组安装在水平方向的木板上的物体组成：一段取自1950年西尔曼关于啄木鸟的电影，博伊斯将其与一小堆似乎是死了的蜜蜂并置，用浅色的蜡压紧（博伊斯在他的几件作品中都使用了蜜蜂的尸体）。

博伊斯的另一个关注点是如何以及何时决定将艺术作

---

[1] 乔治·贾佩"访谈"，见《约瑟夫·博伊斯：图绘遗迹》，第186页。

为一种职业。博伊斯在1953年范·德·格林顿展览目录的"笔记"中表现得已经是这个主题,他在20世纪60年代和70年代几乎每一次重要的采访中都会回到这个选择——尽管事实上,他在1953年就已经表示反对艺术家传记的惯例,以及这一反对意见对于澄清艺术家发展历程的必要限制。总的来说,博伊斯坚持认为,艺术是一个工作和创造力的熔炉,在这里,人们可以挑战专业知识,在他看来,对经验主义和实证主义思维的僵化坚持是现代科学的特点。他研究了列奥纳多和歌德关于艺术与科学关系的观点,以澄清自己的观点。正如他告诉阿德里亚尼的那样:

> 例如,歌德早已确立的、我也确立的:"艺术和科学似乎在人类意识到这一点之前,就已经相互庇护、相互调和了"(歌德),我从来没有争论过。这意味着,歌德也在寻求一种扩大的科学概念——科学和艺术一起属于一种更大的联系。我提出这一要求并不是出于独创性,对我来说,更重要的是这些东西在政治意义上成为现实……[1]

在他的作品中,博伊斯将自然科学、生物学以及物理科学的某些概念和系统作为主题,如物质转化的各种状态和电力的基本作用。在博伊斯的社会雕塑观念中,科学和医学

---

[1] 阿德里亚尼、康纳兹和托马斯,《约瑟夫·博伊斯》,第68页。

是核心主题和隐喻。

除了他关于乌托邦思想需要从科学领域开始的想法之外，博伊斯在他的多件作品、玻璃瓶、物品和装置中不断地提到了西方和传统医学的治疗目的。例如，1961年的《辅助现成的浴缸》包含了纱布，并装饰了许多贴有绷带的东西。在装置作品《妙怪僻间》（Barraque D'Dull Odde，1961—1967年）和《猎鹿记》（Scene from the Stag Hunt，1961年）中，博伊斯回到了档案的形式，以批判实证主义的认知倾向。这些杂七杂八的物品组合在一起，它们的橱柜和搁架的布局就像一个废弃的工作室，或者一个业余实验室。每个盒子里都装着数百件日常用品和其他物品：自然物品、瓶子、名片、灵异物品如他自己的表演遗物等，还有小瓶、皮下注射针、玩具、药片和安瓿瓶。观赏者徒劳无功地寻找一条线索，使这种安排连贯起来，或者寻找线索来推动它们的分组和展示。人们考量着这些对象可能作为工具或补救措施的任务。博伊斯评论《妙怪僻间》说：

> 这就是局外人的极端立场。因此，这种绝望和疯狂的气氛，只有当今科学的绝望才能与之相匹配。这是对科学中的浮木和滩涂，试图改造残局的一种尝试。绝望可以是一个很好的起点。[1]

---

[1] 蒂斯达尔，《约瑟夫·博伊斯》（纽约，1979年），第80页。

在《妙怪僻间》中，堆积起来的全部事物都无法组织、连贯或真正的理解。作为物质的残骸，它们是停滞的、没有生命的，博伊斯的比喻是唯物主义者对物质宇宙的研究，而背后没有精神、理想主义或形而上学变化的能量。这是把实证主义看作是一种破产的事业的观点。

在其他时候，博伊斯转变了他的批判情绪，比如他的《直接民主的玫瑰》（1973年），这件系列作品将实证研究的玻璃烧杯与一朵短暂开放的红玫瑰并列，烧杯上刻有这句话。博伊斯在1972年第五届文献展直接民主论坛为期一百天的讨论中，一直展示着这件作品（见第五章）。它将实证主义的贫乏与有机物的活力形成对比；这个物体同时暗示了左派政治变革的可能性，因为玫瑰花开是浪漫爱情的象征也是国际社会主义的象征。在其他地方，博伊斯强调"直觉"是人类思想的价值之所在，而这种直觉却被经验主义所贬低并边缘化。正如博伊斯所言，玫瑰指向人类爱的情感在科学思想的进步和创造力中的必要地位："没有玫瑰，我们就做不到，那我们就再也不能思考了"（Ohne die Rose tun wir's nicht, da können wir gar nicht mehr denken）。[1] 人类的同情心也必须保持在理性的、甚至是科学的思想中，以便实施创造性的变革。

博伊斯似乎被早期的、前现代的智慧所吸引，如列奥

---

[1] 这句话被多次重复，例如"没有玫瑰我们不会这样做"（1972）。

纳多或炼金术士帕拉塞尔苏斯——这些人很容易地跨越了神学、科学和视觉艺术的学科界限。博伊斯作品的解读者们以总括的方式坚持认为，这些历史文献中的一个或另一个拥有理解博伊斯艺术意义的关键。英格·洛伦茨（Inge Lorenz）认为，博伊斯在职业生涯中对前现代科学的思考是他对神话思想、"神话图像的逻辑"研究的另一个方面，也是他更大的艺术的再神话化项目的一部分，她将其与马丁·海德格尔的美学联系起来。[1] 或者，还有一种可能性，博伊斯实际上是在寻求复兴更早的、完全过时的——非经验主义的、反科学的、前现代的——关于自然科学或进化论的观念。如果他真的这么做了，那么他真的是一个庸医，正如他最直言不讳的批评者所坚持的那样——但他不是。博伊斯说：

> 我从来没有打算废除实证主义或唯物主义的科学观念；恰恰相反，它可以证明，我甚至尊敬它，但我只能尊敬它在阈限内的、某一方面的、某种过渡性的状态，并且当然，终究结果还需是它达到辉煌的高度。[2]

博伊斯充分认识到，列奥纳多和歌德对自然科学的观

---

[1] 英格·洛伦茨，《回眸：约瑟夫·博伊斯和艺术的本质：关于作品的起源和绘画的形式》（明斯特，1995）。
[2] 阿克塞尔·辛里奇·穆尔肯（Axel Hinrich Murken），《约瑟夫·博伊斯和医学》（明斯特，1979），第118页。

点植根于过去,不能简单地在我们这个经验时代重新被接受。为了凸显战后意识形态的缺陷,他的兴趣在于将早期关于人在自然中的位置的整体观念与他自己的时代进行对比。博伊斯在他的艺术中通过前现代思想和科学的某些方面来讨论在他所居住的战后世界中直接实施意识形态变革的可能性。

作为他对创造力、艺术和科学更深探索的一部分,以及为了庆祝1974年《马德里手稿》的出版,博伊斯会画一组或几幅图作为给达·芬奇的献礼。但在典型的风尚中,他用作品来进行概念上的"延伸"和"修正",以此作为一个批评的过程。通过他自己的素描本《约瑟夫·博伊斯:根据列奥纳多·达·芬奇〈马德里手稿〉绘制的图画》(1975年由马纳斯画廊出版社出版),博伊斯拒绝了达·芬奇、亚里士多德式的把绘画媒介与可观察的具体事实联系起来的观点,也拒绝了他关于科学本身的实证主义概念。马丁·坎普(Martin Kemp)已经证明,虽然列奥纳多不是现代意义上的经验主义者,但实证主义确实是他工作的核心,这一点可以追踪到《马德里手稿》和其他列奥纳多笔记中。[1] 在他的整个工作和生涯中,博伊斯对实证主义否定精神的做法持批判态度;因此,他很受德国浪漫

---

[1] 马丁·坎普,"列奥纳多—博伊斯:作为实验场的笔记本",见《约瑟夫·博伊斯:根据列奥纳多·达·芬奇〈马德里手稿〉绘制的图画》(纽约,1998),展览目录,迪亚艺术中心,编辑 L. 库克(L. Cooke)和 K. 凯利(K. Kelly),第35页。

主义者所发展的科学方面的吸引。然而，博伊斯超越了这些前辈，他坚持认为，在科学过程中，理论本身——语言甚至思想——应该与物理世界中可观察到的事物具有同等的地位，因为物理现实所带来的变化与任何科学实验一样深刻。

博伊斯围绕着早期德国浪漫主义者，或者说1800年存在时间很短的耶拿派——物理学家约翰·威廉·里特、施莱格尔兄弟和他们的妻子卡罗琳和多萝西娅、F. W. J. 谢林、路德维希·蒂克、亨利克·史蒂芬斯和诺瓦利斯（乔治·菲利普·弗里德里希·冯·哈登堡），他阅读并投入他们所发展的自然科学的思想中。这个群体包括科学研究者、哲学家和诗人。由于他们与这些知识分子的亲密友情，德国浪漫主义学者西奥多拉·维舍尔（Theodora Vischer）、包括画家卡斯帕·大卫·弗里德里希和卡尔·奥托·伦格，以及自然学家洛伦兹·奥肯，都是"间接"成员。耶拿派寻求牛顿力学定律之外的另一种自然模型。他们的兴趣是将人类的智慧与自然界的非物质力量（如电、温暖、光）结合在一起，形成"机械的统一"。[1] 作为这个圈子的中心人物，里特把自然理解为一个持续极化过程中的状态，整个过程与之相对的是一种标准化的趋势；然而，他无法证

---

[1] 西奥多拉·维舍尔，"博伊斯和浪漫主义"，见《约瑟夫·博伊斯：读者》（剑桥，马萨诸塞州和伦敦，2007），编辑：C. 梅施和 V. 米歇利（V. Michely），第159—160页。

明这种相互关系。在提出自然力可以以某种方式与人类主体持续结合的观点时，他阐述了一种基于有机体的自然概念，一种吻合这个圈子的"向世界经验的总体化驱动"的观点的模型。[1] 维舍尔概述了这个扩展的圈子内的关键差异，这一点在考虑朗格的艺术和理论时变得清晰起来，也许最著名的是在他的作品《早晨》（1808年）中显现的。朗格把基督教的神性理解为人类意识与自然力量之间的支点，或统一的总合点。而在其作品的某些阶段，博伊斯更多地将耶稣作为一种动力，而不是作为神的形象，这两者并非巧合。

耶拿圈的思想家们，努力在他们对物理过程的调查中囊括灵性（"灵性物理学"）。他们试图统一科学、诗歌和哲学领域的乌托邦的尝试吸引了博伊斯，博伊斯同意他们对经验主义中分离这些关注点的批判性观点。他在20世纪50年代创作的一些画作中，包括《给爱尔兰一个神秘人物的神秘街区》中，博伊斯探索了人类在自然和物理过程中所处的位置，通常是通过女性裸体的方式。在《神秘街区》中，动物的形态与人类合成成了几乎是神话般的实体——在水彩画《带着人头的雄鹿》（1955年）和精致的《天鹅梦》（1951年6月）中。无论是在这个街区还是在其他地

---

1 西奥多拉·维舍尔，"博伊斯和浪漫主义"，见《约瑟夫·博伊斯：读者》（剑桥，马萨诸塞州和伦敦，2007），编辑：C. 梅施和 V. 米歇利，第159—160页。

方，《动物女人》（1954 年）和《兔子女人》（1952 年）中都有一组探索混合身体的画作。博伊斯经常在他的女性裸体作品中，在人物形体之上叠加几何形状和矢量状的对角线。1959 年的画作题为《来自：温暖生理学》（*From：Warm Physiology Physiology*）被包含在这个《神秘街区》中，其人物性别变得模糊不清，并与山地形式和示意性箭头的暗示融合在一起，这些暗示着影响身体的力量。

博伊斯最引人注目的将人类和动物的意识与身体力量联系在一起的艺术作品，可以在他的雕塑中找到，从他的表演《如何向一只死兔子解释图片》（1965 年）中的物品或遗物开始，到 1977 年不朽的《蜜泵》（*Honeypump*）表演达到高潮。（博伊斯对动物意识的毕生关注值得研究，因为它预见了我们当前的动物权利观念。）从 1965 年那次表演的照片中可以看出，博伊斯在操控并与之"交流"时，将自己和那只死去的兔子放在一个接收器或类似的电子设备旁边。在附近，博伊斯将一个包裹着的动物骨骼物体（名为"无线电"）连接到这个装置上，从而暗示他的耳语注释正在以未知的频率播出，由动物本身提供动力。这个表演描绘了对世界的解释和理解——对知识的渴望。它提出了知识超越理性的隐喻，一种甚至可能被（死去的）动物分享的直觉理解。这些艺术品证实了本能是人类和动物共享的另一种可能的知识形式。博伊斯解释说："我的技巧是试图找出人类权力领域中的能量点，而不是要求公众提供特定的知识或反应。"[1] 1965 年的表演也显示出博伊斯对电的迷恋;正如弗兰兹·约瑟夫·范·德·格林顿所描述的,他会在他的材料实验和绘画中研究磁性和化学现象:

> 在雕塑中可见毛毡、铜、蜡和油脂,但在感应机上也能自动生效,同样描述了用任何材料制成的电池、元件、发电机、蓄能器、电容器、聚能器、电动机;安装的发射器、发声器和接收器;以及释放出的电和光束。[2]

人们可能会得出这样的结论:从《北国之春》中的《两个骷髅头与两句诗》,将之与相邻的手写诗句相交融,认为是纸上的氯化铁(或用作蚀刻画腐蚀剂的氯化铁)画。但这种化学物质在溶解于水并被博伊斯用作颜料时,会在发热反应中放出热量。通过这些方式,博伊斯尝试着在他的艺术作品中产生实际的物理现象,甚至在一幅小小的纸上绘画中也是如此。

正如维舍尔所解释的那样,博伊斯的雕塑同样将观赏者带入了一种能量场,默认他们在接触作品时就启动了这种能量场:作品《宠爱Ⅲ》是由高高的毡片堆叠而成的,上面有一块同样大小的铜板,观者的存在会产生额外的温

---

[1] 博伊斯转引自蒂斯达尔,《约瑟夫·博伊斯》,第 105 页。
[2] 格林顿,"关于约瑟夫·博伊斯的五个文本",见《约瑟夫·博伊斯多年来的铅笔画,1946—1964》(柏林,1973),编辑:H. 巴斯蒂安,第 13 页,引用自穆尔肯《约瑟夫·博伊斯和医学》第 127 页。

暖，并改变了安装作品的空间中的声音体验。这些作品表明，一种力量——在作品《宠爱Ⅲ》中是温暖和声音，在作品《宠爱Ⅱ》的铜顶桌子中则是火花——是由观众自己在对雕塑的审美体验中产生的。博伊斯的最后一件装置作品《困境》（*Plight*，1985 年），在一个装有三角钢琴的房间里，从地板到天花板都铺满了大块的毛毡，同样改变了空间，放大了观众身体产生的热量。在 1966 年 12 月博伊斯在阿尔弗雷德·施梅拉画廊的合作表演《曼雷萨》中，他、亨宁·克里斯蒂安森和比约恩·诺尔加德（Bjørn Nørgaard）在画廊空间中实现了一系列电池、电路和变压器的物理机械演示。戏剧性的是，据说其中一些装置在画廊中飞出了火花。由此，博伊斯的雕塑、表演和装置将各种物理过程或力量带入有关审美经验的知识性的事件中。

除了与科学史有关的研究和工作之外，博伊斯特别关注科学在医学实践中的实际应用。这种对治疗的关注当然是以博伊斯在克里米亚坠机后的恢复和死亡逃生的元素为基础的，这种关于治疗的叙述也涉及萨满教的转化和恢复——或者说传统医学——的领域，这在博伊斯后来的作品中占据了一席之地。正如医学史家、医生和博伊斯收藏家阿克塞尔·辛里奇·穆尔所指出的那样，博伊斯通常认为，一种不平衡、受伤和疾病的状态是富有特征性的人类状况。同样，博伊斯的自传体"生命历程/工作历程"文件的第一条是这样写的，"用绷带将伤口拉在一起的展览"。

他认为艺术领域与科学一样，可以有效地改善人类内在受伤的状况。

博伊斯的作品将现代和传统医疗实践相结合，将人们对康复和治愈的普遍需求与审美体验的境界联系起来。一幅1954年的作品是一份手写的植物名称和草药清单；其他的画作包括软膏、锌酊、没药[1]和碘。（如1959年的《担架上的女人》，以前由阿克塞尔·穆尔肯收藏。）这也可能是为什么在1974年的第一次美国之行中，博伊斯安排救护车将他送往雷尼布洛克画廊。因此，他在纽约艺术中心的第一次公开演出展现了艺术家身体的脆弱和受伤的本质。他的康复过程在接下来的一个星期里发生了，通过他在街区画廊里与一只荒原狼的行为表演——《我喜欢美国，美国喜欢我》。

博伊斯将伤口的特性不仅延伸到艺术家和其他个人，而且延伸到具体的城市场所。《展示你的伤口》这个装置作品最初是在慕尼黑马克西米利安大街以一个地下人行通道作为特定地点来实现的，它是一个由双重物品组成的装置，包括医院的担架（担架下面放置着油脂或盛肥条的容器）、报纸和写着"展示你的伤口"的黑板。这是一个装置作品，专门讨论博伊斯与被忽视的、不人道的城市空间有关的病态。作为明斯特公共雕塑项目的一部分，博伊斯在城市治

---

[1] 没药，芳香液状树脂。（编者注）

疗的纪念性作品《脂肪》（明斯特，1977年）中对城市进行了最后的"治愈"，该作品现在是柏林汉堡火车站马克思收藏馆的一部分。他选择了明斯特的另一个废弃的人行地下通道。博伊斯在这个"消极"的空间里建造了一个铸件的复制品。它几乎有10米长，2米高。他使用蜡和脂肪的混合物作为铸造材料。博伊斯和他的助手们并没有预料到，大型铸件的硬化需要相当长的时间。因此，在1977年的项目中，该作品无法展出。为了解决这个问题，博伊斯为州立博物馆（Landesmuseum）的展览空间设计了一个玻璃橱窗，里面有几个相关的物品和一个标志，上面写着"（一个）不会变冷的雕塑"（可以在相关的基于照片的多个作品中看到，目前在法兰克福的DZ银行艺术收藏）。通过这种方式，博伊斯将自己的艺术与自古以来的雕塑美学概念联系起来——更具体地说，他提到了奥维德的《变形记》和雕塑的梦想，这些雕塑如此紧密地模仿人类的美，以至于散发出了温暖。在明斯特，博伊斯以同样的标准实现了雕塑之美的理想，但却没有诉诸于人形。当作品的材料最终变硬时，博伊斯将其切割成六个部分进行展览。雕塑的核心部分保留了相当大的温度；在铸造后20年，它在数字温度计上仍有温度记录。时至今日，它还保留着一种特殊的蜡质气味，弥漫在展览空间中——将能量、物质、变化和创造力融合在一件公共作品中。油脂继续以多感官的方式对其展览空间进行物质改造，也可以说是治愈。

在早期的水粉画《在萨满之家》（1954年）中，博伊斯表明了他对传统医学的灵性、治疗能力和空间的迷恋。在他的一生中，通过他自己的角色和他对萨满角色的大量表演性解释，博伊斯继续探索一种超越西方宗教的普遍化和异教的变革性灵概念。虽然他从未直接讨论过这种联系，但在扮演现代艺术家萨满的超然角色时，博伊斯效仿了现代主义艺术家马克斯·恩斯特，他们俩有许多共同点。像恩斯特一样，博伊斯发现自己受到现代战争的伤害。他同样寻求超越西方神学领域的治愈和安慰，为自己建立了一个动物性的另一个自我和（或）图腾动物。在恩斯特的例子中，这是通过他与一只鸟的联系建立的，他把这只鸟命名为"Loplop"，并在他的作品中再次出现。对博伊斯来说，一只（无名的）兔子在他的艺术和他的身上都充当了这个另一个自我——博伊斯经常在他的背心上揣着一只兔子或兔子的脚，有人观察到他年轻时的习惯是把兔子的粪便放在他的衬衫口袋里。博伊斯对萨满和萨满教的兴趣突显了他将古老的灵性实践带入（西方）当代艺术的愿望。他在20世纪60年代的关键表演中创造性地实现了这一角色，《第一西伯利亚交响曲》《酋长》《如何向一只死兔子解释图片》和《欧亚杖》；可以说，这个角色在加强博伊斯个人神话的各个方面也很重要。博伊斯在许多艺术作品和表演中唤起的"欧亚杖"的神秘世界，进一步指出了艺术家在与这些其他领域沟通，或以其他方式到达这些领域时作为中介的功能。野兔在博伊斯最后的作品之一《熔化行为》（1982年）中再次出现，该作品在当年的文献展开幕式上表演。博伊斯对野兔身体的操纵也重新唤起了与这种动物有关的某些古老的共鸣——它的钻地活动的"泥土性"，以及它与轮回和繁殖的联系。

这些表演显示了博伊斯早在1964年就熟悉了萨满的行为范围的一般描述。[1] 萨满是牧师，是疾病和创伤的治疗师；他前往灵性领域，以与他们协商人们必须做些什么来纠正诸如恶劣天气等问题。萨满通过一个特定的程序被接纳到这个公共事业中。这发生在梦境和幻象中，恰与一场严重的疾病和昏迷相应和，这迫使萨满开始前往进入荒野之地，在那里他想象自己被带到了灵魂之家。神灵往往会杀死入门者，然后他就会恢复生命和完整的状态。然后，神灵赠送一种物质或魔法物品，加入萨满的身体，如石英晶体，或在博伊斯的版本中，是毛毡和脂肪的材料。这份礼物是萨满进入未来时新近拥有的权力的信物。在北美，萨满的帮手往往是动物的灵魂，萨满在舞蹈中模仿它们的叫声或动作。他用音乐来召唤这些神圣的助手，并进入恍惚状态，开始他的神灵之旅。

---

[1] 根据米尔恰·埃利亚德在《萨满教：迷魂药的古老技术》（纽约，1964）中的一般描述，由麦克·林斯科特·里基茨（Mac Linscott Ricketts）引用，"萨满和巫师"，见《神话中的巫师人物：轮廓、背景和批评》（塔斯卡卢萨，阿拉巴马州，1993），编辑：海因斯（W. J. Hynes）和多蒂（W. G. Doty），第88—94页。

博伊斯小心翼翼地将他的"故事",或涉及他被游牧的鞑靼人以萨满方式复活的个人神话,建立在萨满教的这些方面:还必须注意到,实际的鞑靼人实行萨满教。在我提到的20世纪60年代中期的三场表演中,博伊斯重现了复活/萨满的转型,在这些表演中,他试图通过野兔的中介与灵性世界沟通。最后,活生生的动物也在博伊斯的行为表演中扮演了一个角色。例如,一匹白马在博伊斯于1969年在法兰克福举行的"实验3"《叶甫盖尼/提图斯-安德罗尼克斯》的演出中扮演了重要角色。就像可能是他最著名的表演《我喜欢美国,美国喜欢我》(纽约,1974年)中的一只土狼一样。

在这次行为表演中,博伊斯在曼哈顿的雷内-布洛克画廊与一只活生生的土狼共享一个类似舞台的区域。在进入小狼的空间之前,博伊斯从未接触过美国的地面,他从肯尼迪机场坐着救护车过来,再次笼罩在毡子里,就像十年前他的《酋长》在西柏林的雷内-布洛克画廊展览一样。博伊斯和来自新泽西的名为"小约翰"的土狼共享空间,并在三天内一起重新制作他的毛毡、报纸和稻草等材料,博伊斯是作为萨满来寻求沟通和转型。正如赫伯特·维茨(Herbert Wietz)的表演电影所显示的那样,博伊斯重复了各种活动,例如将自己完全包裹在毡中,只有一根棍子伸出;他还重复了各种声音和音乐,包括涡轮发动机的录音和他敲打的三角铁。小狼仔细查看了这个空间;当他被毛毡包裹时，博伊斯似乎对此最感兴趣。我们通过卡罗琳·蒂斯达尔的描述得知，土狼在博伊斯精心整理的《华尔街日报》上排尿和排便；我们可以有把握地假设它也在博伊斯的毛毡上撒尿。它咀嚼着，翻来覆去，然后用博伊斯有时戴的手套把自己卷起来；它从窗外望向下方的曼哈顿街道；它盯着人群和另一边画廊围栏外的咔嚓咔嚓的照相机。当博伊斯试图抱起小狼时，它立即挣脱了束缚，飞奔而去。

在"我喜欢美国"行为表演中，博伊斯将自己置于与北美的关系中，以见证或体验土狼的身体"手势"，这是一种将他的身体与动物的身体对抗的扩展感知行为。在表演的某些时刻，博伊斯被他放在笼子里的大片毛毡完全隐藏或掩盖起来。在表演的这些时刻，他也悬置了自我意识。或许他认为他所希望的"整个美国创伤"的恢复可能会受到他与土狼身体的密切接触的影响，最终成为一种具有萨满教特征的魔力行为。当然，有人会问为什么博伊斯选择不去原住民的土地上见证原住民的宗教或萨满教习俗，就像艺术史学家阿比·瓦尔堡那样，像早期的德国人那样，从而将他的角色限制为观察者。如果他这样做了，他就不会成为土著仪式的富于动力感的模糊模仿者。就他在这场表演中与（象征性的）本土文化建立的关系而言，博伊斯仍然坚持现代主义的原始主义。[1]

---

1 蒂斯达尔，《约瑟夫·博伊斯》，第 228 页。

在纽约演出后，博伊斯宣布：

> 我与美国具有创造力的杰出人物的心理创伤点建立起某种联系：整个美国与印第安人、红种人的创伤。……必须对土狼进行估量，只有这样才能解除这种创伤。

与他过去的一些表演一样，很明显，这种估量与博伊斯自己的个人创伤以及他在自己的生活中所经历的战争暴力同样重要。大卫·列维·施特劳斯（David Levi Strauss）在对这一行为的图像分析中提出，旅行者/野兔的博伊斯可能已经从纽约的骗子土狼那里寻求转变。[1]

安·泰姆金（Ann Temkin）注意到，动物的生命形式也遍布博伊斯的画作。[2] 古代文化中一些动物的象征性共鸣——如蜜蜂、雄鹿、天鹅和野兔——也隐含在他的作品中。博伊斯的动物身体和有机材料并不是荣格原型意义上的。然而，博伊斯最感兴趣的其他群居动物和群居动物的其他原始联系——野兔、蜜蜂、雄鹿和驼鹿——是不可忽视的。这些也是成为原始神话或传说主题的流浪群体。博伊斯的行为也试图上演集体体验，来回忆古老的主体间性

---

[1] 大卫·列维·施特劳斯，"美国人博伊斯"，《在狗与狼之间：艺术与政治论文集》（纽约，1999），可在 www.bockleygallery.com/css/american_beuys.html 获取。2016年6月16日访问。
[2] 安·泰姆金，《思维即形式：约瑟夫·博伊斯的绘画》（纽约，1993），第33—35、52页。

和人类与自然世界和平共处的时代。博伊斯找回了自然世界中与异教含义产生共鸣的元素，并在新陈代谢的意义上强调了人类和动物身体之间的共性。他的许多表演都暗示了人类和动物生命之间的原始共存状态，就像古代仪式所制定的那样。博伊斯既操纵又表演这种有机物质的形式，这本身可能指向一个古老的、前工业化的、仍然保留集体经验形式的过去。在博伊斯对仪式的结构和空间的操纵中，也纪念了这种动物共存的原始的、消失的时代，物种间和主体间互动的时代。群居动物是社会性的生物；在某种程度上，博伊斯恢复了一种万物有灵的感觉，作为对社会雕塑的另一种刺激。在另一个层面上，他对原始的兴趣直接否定了他自己所处时代西德"经济奇迹"中不假思索的和仓促回归的剥削性的工业化。

5　激进主义与政党政治

因为他们将学院带入了一个激烈的审查和改革时期，他和他的学生们在杜塞尔多夫学院面临日益紧张的关系，这促使博伊斯转向政治和作为艺术的激进主义。作为他教学活动的一部分，他开始在学院内组织讨论政治和哲学的论坛。据报道，关于政治改革的讨论在 1965 年就已经在他的课堂上形成了，但在 1967 年才首次公开提出。[1] 1967 年，博伊斯帮助他的学生约翰内斯·斯图特根（Johannes Stüttgen）在他的班级中建立了一个政党，即"德国学生党"。[2] 另一位博伊斯的学生约尔格·伊门多夫（Jörg Immendorff）可能是杜塞尔多夫第一个在 1968 年创建自己的反机构——利德尔学院（Lidl

---

[1] "激浪在政治中"，见《离开学生公寓我是克劳森帕德·海德堡》，15（海德堡，1967），第 1 页，转载的原始文章：《亲历 67：杜塞尔多夫大学的独立学生报纸》，1（杜塞尔多夫，1967），第 9 页，约翰内斯·斯图特根可能是此文的作者。

[2] 1967 年 6 月 22 日的成立议定书转载于《互动》（*Interfunktionen*），3（1969），第 125 页。

Akademie)——的人。利德尔学院在杜塞尔多夫学院内召集并举办活动。通过在建筑顶部树立"Lidl"的旗帜来宣称自己是该建筑的主人,并且举办"国际工作周"的活动和访问艺术家,如 1969 年访问了詹姆斯·李·贝耶斯(James Lee Byars)。作为回应,代理学院院长爱德华·特里尔教授关闭了学校一周。为了替关闭辩护,并作为"记录挑战及其后果"的一种手段,学校管理人员于 6 月在其报纸上发布了一期说明,旨在证明学生和教职员工的行为造成的混乱——主要是博伊斯。但该报反而透露,利德尔反机构——作为一件艺术品——已经相当成功地渗透并超越了国家机构及其正常职能。

博伊斯努力实现他在学院内不受国家或制度限制的普遍的个人创造力的观念。为了将这个想法向"普遍"方面转化,他接受被学院行政部门拒绝的学生进入他的班级。在 1968 年早些时候,博伊斯参加了聚焦于艺术机构改革的会议。正如西德艺术杂志《互动》的"理想学院"期刊所表明的那样,博伊斯并不是这些年艺术学院改革的唯一倡导者。伊门多夫、沃尔夫·沃斯特尔、帕纳马伦科(Panamarenko)、马塞尔·布罗代尔(Marcel Broodthaers)和其他艺术家,其中一些人是学院的教员,与博伊斯一样反对学院的现状,尽管他们并不总是赞同他对艺术能力的总体化信念。这种反对由于西德的"职业禁令"(Berufsverbot)政策而变得更加尖锐,或者说从公共教育机构中开除那些声称有左翼或其他"激进"政治信仰的教师；而"紧急状态法"(Notgesetze)，即集权国家状态下的选择性实施，也受到了广泛的抗议。即使在他被解雇后，博伊斯也在其他教师中找到了对其扩大学院计划的相当大的支持和同情。那些有同情心的教授同意接收博伊斯的学生，这样他们就不会失去获得学位所需的学分。

这种艺术的批判性和政治性使博伊斯成为西德媒体人物。到20世纪70年代末，他与安迪·沃霍尔和罗伯特·劳森伯格（Robert Rauschenberg）一起成为了作品的价格处在世界艺术市场顶级水平的艺术家。博伊斯对新的学生权利的鼓动，包括他1971年与学生一起占领学院行政办公室，对他的学术生涯造成了影响。尽管他是终身艺术教授，并且在他标志性的"100天讨论"之后几个月，他在那个夏天对哈罗德·塞曼（Harald Szeemann）的文献展做出了贡献，教育部长约翰内斯·劳（Johannes Rau）——一位社会民主党人，后来从1999年到2004年担任国家主席——1972年10月11日立即将他从教学职位上解雇。在他的回应中，博伊斯说："正如我在过去11年所做的那样，我将履行我的职责并继续在学院任教。我欠那些被托付给我的年轻人，这件事完全符合他们的利益。"[1] 博伊斯提起复职诉讼，最终于1978年4月获得批准。在和解协议中，博伊

---

[1] 约瑟夫·博伊斯1972年10月12日给北威州科学和研究部长的信。阿尔弗雷德·施梅拉文件，大约是在盖蒂研究所特别收藏，洛杉矶。

斯同意终止他的合同,但保留了教授的头衔和他在学院3号房间的工作室的使用权,直到他达到65岁的时候,博伊斯在去世前几年将3号房间的使用权交给了自由国际大学和他的学生约翰内斯·斯图特根〔在1970年至1972年间,在他影响力的鼎盛时期,博伊斯的班级控制了大楼中的三间教室,其中一间19号房间由两名自称"die zwei Imis"的学生独家控制:伊米·克诺贝尔(Imi Knoebel)和伊米·吉斯(Imi Giese)〕。由于他招收先前被学院拒绝的学生的做法,在该机构700名学生中,当时有193至231名将自己视为博伊斯的学生。[1] 在这些年里,博伊斯寻求与知名人士和其他政治、宗教人士会面,面对面地讨论,有时还与他们建立友谊——西德总理威利·勃兰特(Willy Brandt);学生运动领袖、绿党同事鲁迪·杜奇克(Rudi Dutschke);佩特拉·凯利(Petra Kelly),他的朋友,绿党创始人;……奥地利总理布鲁诺·克雷斯基;和霍皮族萨满活动家卡罗琳·塔尤旺·塔尤玛(Carolyn Tawangyowma)——这本身就成为讨论/表演。有趣的是,这些会议的照片并未被广泛发表。

作为一个习惯于承担巨大风险的艺术家,博伊斯的艺术实践的严谨性越来越影响他的健康。他曾两次心脏病发

---

[1] 佩特拉·里希特(Petra Richter),《伴随,旁观,反对:约瑟夫·博伊斯的学生》(杜塞尔多夫,2000),第161页,引自埃尔曼,《约瑟夫·博伊斯》(莱茵贝克,2007),第92页。

作,但每次经过短暂的康复后,他都带着新的活力重返工作岗位,并且能够实现更高水平的生产力,有时甚至全天候工作。博伊斯是一个重度吸烟者,以至于伊娃·博伊斯(Eva Beuys)亲自为他挑选了一名司机,她相信他可以为她的丈夫养成更好的习惯。司机卡尔·赫斯回忆说,她让他监控博伊斯的吸烟情况,但他没有成功。他经常需要提醒博伊斯吃饭。到20世纪70年代中期,他驾车带博伊斯前往全国各地参加活动和展览,当博伊斯出现在活动中,看似毫无休止,超过预定时间时,他就按照指示带回博伊斯。赫斯还回忆说,事后博伊斯会精疲力竭地在汽车后座上立即睡着。[1]

博伊斯以机构为中心的主要项目——德国学生党(1967年)、1972年在文献展上通过人民倡议实现直接民主的办公室,以及1977年在文献展上的自由国际大学100天及其悬垂装置,工作场所的蜜泵——组成了他在20世纪70年代的工作方向。这些项目将选民倡议的再民主化机制引入艺术领域,作为博伊斯社会雕塑理念的核心方面。博伊斯将这些论坛定位在成熟的艺术机构中,将它们——艺术学院、文献展或艺术博物馆的展览空间——转变为自由辩论的场所,在那里讨论广泛的社会和政治问题以及可能的替代方案。正如博伊斯本人所说:

---

[1] 克里斯蒂安·霍夫曼斯,《博伊斯:生活照片》(莱比锡,2009),第26页以下。

> 也许未来的替代群体可以说服更多的人，我认为主要有可能获得或团结更多的人；那，我觉得是可能的。……如果没有可能说服更广泛的多数人继续前进和改变。……那么除了构建两个不同的系统，在旧的国家之下建立另一个国家，别无他法；主要是，这已经到位，因为在"自由国际大学"工作的人在心理上不再生活在以前的条件下。……在（这些）较小的模型中，他们已经在实践这样的替代方案。[1]

博伊斯还看到了通过自称为"绿党（Die Grünen）"或绿党（Green Party）的另类团体的松散联盟来扩大对社会雕塑的讨论的可能性。[2] 这个团体在 1979 年的欧洲议会选举中变得活跃，博伊斯是绿党代表。博伊斯与绿党的交往使他比任何其他 20 世纪艺术家更接近传统的政党政治，但这种联盟以博伊斯完全退出传统政治而告终。

在一本可能于 1972 年出版的小册子中，博伊斯概述了

---

[1] 艾迪·德沃尔德（Eddy Devolder），《约瑟夫·博伊斯：与艾迪·德沃尔德的对话》（1977）（根特，1988），第 38—40 页。
[2] 约瑟夫·博伊斯，"呼吁另一种方案"，《法兰克福评论报》（*Frankfurter Rundschau*）（1978 年 12 月 23 日），重印于《社会雕塑：关于约瑟夫·博伊斯的资料》（亚琛，1984），编辑：V. 哈兰（V. Harlan）、R. 拉普曼（R. Rappmann）和 P. 沙塔（P. Schata），第 129—136 页。约瑟夫·博伊斯以英文"呼吁另一种方案"出版，翻译：B. E. 克莱尔（B. E. Kleer），见《中心折页》Ⅲ/6（多伦多，1979），第 314 页。还重印于《当代艺术理论与文献》（伯克利，加利福尼亚州，1996），K. 斯泰尔斯（K. Stiles）和 P. 塞尔茨（P. Selz）编，第 634—644 页，原始出版日期不正确。

学院在空间严重不足的情况下，对学生和教师的危机状况，以及行政部门因此而试图限制学生人数以纠正这种状况的做法。这本小册子概述了博伊斯关于"扩大"学院的建议，不仅是在字面的物理意义上——小册子提到了可能使用杜塞尔多夫的会议厅——而且建议将学院转变为一个"现代通信中心，所有的人都可以使用，不管他们以前的教育和他们的年龄"。自由学校的基础委员会还在小册子中呼吁私人捐款和支持，因为它将在一种"绝对独立"的关系中运作，不受国家和企业利益的影响，以便"为所有可能有助于改善我们社会制度的想法提供空间"。[1] 该小册子还指出，拟议的学校不是"约瑟夫·博伊斯的私立学校"，这一点得到了新闻报道的进一步支持：关于制定替代学校系统的报纸文章——将被命名为"自由国际创意学院和跨学科研究"（最终名称将是"自由国际大学"，或 FIU）——列出克劳斯·斯塔克（Klaus Staeck，艺术家和律师）、格奥尔格·迈斯特曼（Georg Meistermann，卡尔斯鲁厄教授）、威利·邦加德（Willi Bongard）、杜塞尔多夫学院教授埃尔温·海因里希和葛哈·里希特（Gerhard Richter），还有女演员诺拉·亨斯滕伯格、精神分析学家梅丽塔·米切尔利希、画廊主阿尔弗雷德·施梅拉以及博物馆管理员保罗·温伯和埃贡·蒂曼，都参与了这项工作。博伊斯被任命为

---

[1] "'创意与跨学科对话的自由国际学校'的概念"，日期不详，无页码，艾哈德·克莱因（Erhard Klein）收藏，波恩艺术博物馆。

"创始校长"。[1] 博伊斯描述了"自由国际大学"(FIU)的任务:

> 必须明确,人主要是一种精神存在……源于民主的自决是一个创造性的概念。整个教育领域必须以进化的方式达到自治,而不是存在于经济的独裁之下,自决而不是官僚主义……一个永久性的"文献展"被设想为具有代表性层面的创造力,一个幼儿园和老年人的创造力中心,以及对化学、物理学、医学等所有领域的成果进行跨学科讨论。[2]

博伊斯在几个展览装置中介绍了"自由国际":1973年在汉诺威艺术协会举办的"政治斗争中的艺术"(Kunst im Politischen Kampf)展览,其中包括"直接民主组织"和"自由国际"的办公室家具和标牌,其目录转载了该组织的目标和1972年的小册子。1974年在伦敦当代艺术学院(ICA)举办的"艺术进入社会"展览的目录中包括"自由国际学校"的宣言和课程大纲。这份由诺贝尔奖得主海因里希·伯尔(Heinrich Böll)起草的创始文件描述了自由国际大学对"创造性潜力……在我们每个人身上……它被竞争力和成功攻击所掩盖……塑造材料的能力,可以扩展到

---

[1] 贾佩,"博伊斯的解决方案?",克劳迪娅·梅施译,《法兰克福评论报》(1973年5月7日),无页码。
[2] 同上。

其他社会相关领域"的承诺。[1]

然后,博伊斯努力在国际上建立"FIU"。他表示有兴趣在"欧洲周边地区"和经济停滞的国家如爱尔兰、西西里岛或南非的城市和地区建立 FIU 网站。博伊斯认为,在这些地方,目前的条件要求立即为这些社会的各种机构提出新的模式,而且还提供了新的模式可以更快实施的可能性。博伊斯首先关注北爱尔兰和南爱尔兰(在贝尔法斯特和都柏林),并试图在这两个地区和欧洲经济共同体(欧洲经济共同体,一个在 2009 年被并入欧盟的实体)的其他地区之间建立起沟通渠道。早期关于在爱尔兰建立"自由国际大学"(FIU)的讨论是在博伊斯 1974 年为他的画展"为爱尔兰的一个秘密人物建造的秘密街区"而在那里逗留期间进行的。为寻求该组织的资金,卡罗琳·蒂斯达尔于 1975 年在都柏林编制了一份《向欧洲经济共同体提交的关于在都柏林建立"创意和跨学科研究的自由国际大学"的可行性报告》。该项目的合作者包括爱尔兰作家弗朗西斯·斯图尔特、伯尔、恩里克·沃勒布(意大利经济学家)、法国社会学家尼娜·萨顿、艺术家康拉德·阿特金森、多萝西·沃克、蒂斯达尔和尼娜·迪米特里耶维奇(南斯拉夫

---

[1] "关于建立'创意与跨学科研究自由国际大学'的宣言",印刷于《柏林艺术杂志》(1974 年 5 月),第 13—14 页。见波恩艺术博物馆艾哈德·克莱因收藏的影印文件。该清单在蒂斯达尔的《约瑟夫·博伊斯》(纽约,1979)有翻译,第 278 页。

电视人和作家)。[1] FIU获得了来自欧洲经济共同体和其他来源的小额拨款,这使得在英格兰、威士、苏格兰、北爱尔兰、爱尔兰和西西里岛建立FIU办事处成为可能。[2]

博伊斯利用FIU活动和研讨会将目光投向既定的艺术世界之外,并将其扩展到发展中国家和城市。在都柏林和贝尔法斯特的FIU活动中,他探索了爱尔兰和古代凯尔特文化,以及爱尔兰严峻的冲突形势;他在意大利南部的佩斯卡拉工作,并前往爱丁堡和贝尔格莱德。[在贝尔格莱德访问和演讲期间,博伊斯结识了年轻艺术家玛丽娜·阿布拉莫维奇(Marina Abramovic),她参加了他在学生文化中心的所有讲座。][3] 在包括女权主义在内的其他关切中,FIU倡导重新实现民主,同时也注重改善环境。博伊斯在前往苏联的旅行中,进一步努力支持既定的艺术机构。1981年,在FIU之外,他在东柏林和波兰罗兹的穆齐姆·斯图基艺术博物馆举办了艺术展览,并在那里捐赠了1000件艺术品作为礼物。

博伊斯将橡皮图章作为他的图形艺术的一个方面与这些反机构结合起来,并同时使用粉笔画的形式,先是在地

---

1 卡罗琳·蒂斯达尔,《向欧洲经济共同体提交的关于在都柏林建立"创意和跨学科研究的自由国际大学"的可行性报告》(1975年)无页码,艾哈德·克莱因收藏,波恩艺术博物馆。
2 见《FIU创意和跨学科研究,第六届文献展研讨会,1977年》,《FIU创意和跨学科研究》的出版物,无页码,艾哈德·克莱恩收藏,波恩艺术博物馆。
3 参见乔瓦娜·斯托基奇(Jovana Stokic),"博伊斯在贝尔格莱德的课程",2014年11月25日发表于http://post.at.moma.org的帖子:"全球现当代艺术笔记"。

面上使用,后来又在黑板的垂直表面上使用。他经常利用后者来说明他自己讲座的要点,并绘制他们所产生的讨论,部分是作为这些交流的"遗迹",部分是作为记录它们的一种手段。博伊斯为德国学生党(GSP)设计了一枚邮票,它也出现在博伊斯从《动物派对》(1969年)开始的多件作品中。[1] 另一枚邮票出现在博伊斯1967年的门兴格拉德巴赫博物馆的多枚邮票中,其中包括博伊斯的签名,其形式为"beuys",与"u"相连的是一个希腊十字,这一签名在博伊斯接下来几年的作品中再次出现,例如他的《革命钢琴》(1969年,目前在门兴格拉德巴赫艺术博物馆)和《包》(1969年,泰特现代美术馆)等。

GSP邮票整体是一个圆形,它包围着该组织的名称"德国学生党",以及其他形状——一个希腊十字,和一个较小的圆,上面搁着一个十字架——博伊斯说这是指向一个"行星星座"。[2] 通过这些形式,博伊斯与他早期的作品重新联系在一起,特别是十字架,它与神学上的救赎时刻相联系,是人类意识的深刻的、个体的变化。邮票上较小的圆圈上有一个圆点,指的是地球和太阳(这也是博伊斯1974年在芝加哥艺术学院讲授"太阳状态"时的重点)。印章的形式强

---

[1] 约尔格·谢尔曼,《约瑟夫·博伊斯:作品集》(慕尼黑,1992),第50—51页。
[2] 约翰内斯·斯图特根,"约瑟夫·博伊斯的邮票",载于《约瑟夫·博伊斯:绘画、雕塑、物体》(杜塞尔多夫,1988),W. 迪克霍夫(W. Dickhoff)和C. 韦尔哈恩(C. Werhahn)编,第155—208页。

调意识的转变是 GSP 的最终目标。博伊斯还将墨迹印章作为官僚机构和认证的标志。正如马克斯·韦伯所阐述的那样，官僚机构是国家机构的结构化的机制；官僚行政的逻辑被妖魔化为不露面的、分散的、因此是无可争议的权威的来源。[1] 在这种挪用中，博伊斯创造了一种参与和变革的制度可能性，它可能挑战并最终取代既定的官僚化机构。

博伊斯对黑板的制作源于他在 1971 年的表演中使用的参与形式：首先是"街头行动"（科隆，霍赫大街），然后是 11 月在那不勒斯现代艺术机构画廊举行的大型公共讨论，作为其展览"我们即革命"（La Rivoluzione Siamo Noi）的一部分。博伊斯将这些行动作为直接民主组织（ODD）的组织目标的公开辩论来进行。讨论要么是在 1971 年科隆的一个购物区与偶然路过的人进行，要么是在画廊展览的框架内进行。在他 20 世纪 60 年代早期的激浪表演中博伊斯已经开始使用黑板，但转而使用这些调色板的表面来形成和记录讨论。

对博伊斯来说，黑板的功能是在公开讨论的流动过程中作为集体思想过程的文件。当然，黑板是学校课堂教学的传统形式之一，教师将其作为一种视觉和记忆工具，向学生展示观点和讲座，或共同解决问题。特别是在物理科学领域，黑板是一个无处不在的表面，围绕着复杂计算和

---

[1] 马克斯·韦伯，"官僚主义"，载于《论卡里斯玛和制度建设》（芝加哥，伊利诺伊州，1968），编辑：艾森斯塔特（S. N. Eisenstadt），第 66—77 页；见本杰明·布赫罗赫，"观念艺术，1962—1969 年：从行政美学到制度批判"，《十月》，55（1990 年冬），第 106、117—119、128—129、143 页。

概念的对话可以被描绘出来，让小组认知处理信息。在学术界，黑板标志着公共讨论的流动过程和追踪主体间的对话的过程——当他们通过复杂的想法进行认知时，个人之间的付出和回报的过程。由于这后一个方面，黑板成为博伊斯在 GSP 和 ODD 工作的核心。他的黑板也有一个历史维度：社会改革家和哲学家鲁道夫·施泰纳在本世纪早些时候使用黑板来伴随他的演讲。

施泰纳被称为 20 世纪初德国的主要社会改革者。通过他的讲座和围绕他的人智学和神智学概念建立的组织，他接触了许多作家、诗人和艺术家，包括凯斯·科尔维茨（Käthe Kollwitz）、皮特·蒙德里安、约翰内斯·伊滕（Johannes Itten）、瓦西里·康定斯基和奥斯卡·施莱默（Oskar Schlemmer）。建筑师阿道夫·迈耶（Adolf Meyer）和汉内斯·迈耶（Hannes Meyer）（在他拒绝神智学之前）在 20 世纪 20 年代将施泰纳的思想置于魏玛和德绍的包豪斯教学的中心。1890 年至 1897 年，施泰纳在魏玛的歌德和席勒档案馆担任档案员，开始了他的哲学研究，在那里他还编辑了一系列歌德关于自然科学的著作。施泰纳在他的一生中继续就歌德思想的各个方面进行写作和演讲。[1]

---

[1] 1888 年，施泰纳在维也纳做了一次演讲，题为"作为一种新美学之父的歌德"（Goethe als Vater einen neuen Ästhetik）；他在 1894 至 1896 年期间与哲学家会面后，还出版了《弗里德里希·尼采，一个与时代抗争的斗士》（科隆，1992）（*Friedrich Nietzsche, ein Kämpfer gegen seine Zeit*）；见鲁道夫·施泰纳《当地球变成月球：用于讲座的黑板图 1919—1924》，编辑：W. 库格勒（W. Kugler），第 148 页以下。

施泰纳的大部分思想可以被看作是对世纪末自然科学中以实证为中心的工作的一种反应，例如恩斯特·海克尔的工作。[1] 1900 年，施泰纳开始了他的柏林讲座，主题包括"神秘主义"和"基督教作为神秘的事实"。对于施泰纳来说，那些不包含在智力范围内的人类活动，或实证主义所偏爱的人类活动——精神或情感方面——提供了人类有机体功能的更全面的图景。

对博伊斯的工作来说，最重要的是施泰纳在 1919 年出版了他关于"社会问题"的讲座汇编，译为《社会问题的基本问题》。这些演讲阐述了他的三部分"社会有机体的模型"。作为资本主义政治制度和最近建立的苏联共产主义的替代方案，施泰纳描绘了一个几乎以拟人化方式运作的社会：

> 如果不从经济生活中的社会主义、公民和国家生活中的民主以及精神生活中的自由或个人主义这三个方面对社会有机体进行管理，人类就没有发言权。这将不得不被视为唯一的救赎，是对人类的真正拯救。[2]

施泰纳制作了粉笔画来说明他演讲的部分内容。到 1919 年，他讲课的黑板被小心翼翼地用黑纸覆盖，这些黑

---

[1] 哈罗德·塞曼编，《约瑟夫·博伊斯》（苏黎世，1993），展览目录，苏黎世艺术馆，第 284 页。
[2] 鲁道夫·施泰纳引自《约瑟夫·博伊斯，社会雕塑》（亚琛，1984），第 28 页。施泰纳在多篇文章中提出了他的三部分模式。

纸被收回并保存起来。从1919年到1925年,也就是施泰纳去世的那一年,大约有1100张这些黑板画被保存在瑞士多尔纳赫的鲁道夫·施泰纳档案馆。这些画很多都是彩色的,而且通常只由视觉材料组成,没有文字材料。(值得注意的是,虽然博伊斯回顾了施泰纳的绘画形式,但他从未使用施泰纳的准印象派色彩。博伊斯的板画保留了图表的质地,总是在黑色的地面上用白色的粉笔画,并且通常伴随着密集的记号网络。[1])

施泰纳理想的社会有机体的三个组成部分——在精神生活方面实行自由,在国家事务方面实行民主,在经济方面实行社会主义——构成了博伊斯的讨论,并经常作为主题出现在他的多联画和黑板上。这些观点都被纳入了直接民主组织和自由国际大学的议程。这些观点在博伊斯1978年发表在《法兰克福评论报》流传最广的政治声明"呼吁另一种方案"中得到了重复。1969年,在杜塞尔多夫学院的学生和行政部门间的冲突最激烈时,博伊斯开始将他的社会雕塑理论与施泰纳模式区分开来。在一次采访中,他说:

> 是的,对我来说,旧的美学概念已经没有意义了……人

---

[1] 参见库格勒,《鲁道夫·施泰纳》和鲁道夫·施泰纳,《完整版讲座的黑板图,第351和352卷墙板,在歌德学院为工人举办的讲座》,xxvii(多纳赫,1995)。

> 本身就是美学——许多艺术家已经表明了这一点……就像马奇乌纳斯,把钢琴擦得那么好,而不是在上面演奏。美学是每个人活动的伴随物(表达)……如果有人说,美学就是人,那么每个人无论如何都是艺术家——他是否发展成为这个领域的实践专家是次要的,而对艺术史来说是重要的。[1]

与施泰纳相反,博伊斯围绕着个人自由的概念——包括源自个人自由意志的任何和所有人类活动——阐述了他的作为艺术的社会雕塑概念。在这种总体化的艺术概念及其伴随的普遍个人能动性的概念中,博伊斯更接近弗里德里希·席勒在其《论人的审美教育》(1794年)中的观点。

博伊斯后来将他的黑板作为独立的装置在一些画廊和博物馆展出。例如,1975年在纽约的勒内街区(René Block)画廊展出了伦敦ICA讨论会的黑板,但没有任何配套的讨论;后来被柏林国家美术馆收购,并以《方向性力量》(1977年)为题展出。1972年文献展上讨论用的木板被纳入装置《资本空间1970—1977》中,1977年文献展上的《FIU》讨论用的木板成为1978年在杜塞尔多夫举办的"金钱博物馆"(Das Museum des Geldes)展览的一部分。[2]

---

[1] "关于理想的学院:来自博伊斯和F. W. 赫巴赫的对话",《互动》(Interfunktion),2(科隆,1969),第61页。
[2] 《资本空间1970—1977》(The Capital Space 1970-1977)最初是为威尼斯双年展创作并由博伊斯本人安装在博物馆中,于2015年初由三位私人所有者出售,他们起诉瑞士沙夫豪森的新艺术馆,要求放弃该作品;这个小博物馆因此关闭。该作品目前在柏林汉堡火车站有一个临时的家,是马克思收藏的一部分。

通过将这些由讨论产生的物品带入艺术市场，博伊斯希望能够资助"FIU"。这个策略似乎是成功的：在几乎没有公共资金的情况下，到 1977 年"FIU"已经在五个国家建立了分部，包括北爱尔兰、西西里、南斯拉夫和南非。[1]

作为他激进地扩大艺术范围的最后阶段，博伊斯通过在西德绿党的创建中的作用，开始在基层组织之外积极参与政党政治。1976 年，博伊斯作为独立德国人行动小组（Aktionsgemein-schaft Unabhängiger Deutscher，简称 AUD）的候选人竞选联邦议院的一个席位，该组织与 ODD 组织有联系，推动了西德政治中人民倡议的改革。1976 年后，博伊斯敦促 AUD 和 FIU 另一个与他们有着同样生态关切的团体"第三条道路行动"（Aktion Dritter Weg）建立更广泛的"替代"联盟。在敦促 AUD 和 FIU 建立这个联盟的过程中，博伊斯似乎遵循了 1977 年"蜜泵"研讨会的参与者鲁迪·杜奇克提出的策略。[2]

在绿党于 1979 年的欧洲议会选举中赢得 3.5％的民众选票后，博伊斯与 FIU 一起参加了 1980 年绿党的成立大会。在接下来的几年里，这些团体为争取在德国议会中的代表权开展了活动。博伊斯强调，他不认为绿党是一个传统的甚至是一个替代性的政党：

---

[1] 蒂斯达尔，《欧洲经济共同体报告》，无页码。
[2] 参见蒂斯达尔，《约瑟夫·博伊斯》，第 261—263 页。

> 它（绿党）不是一个政党。它是一种自由组织，一个以团结为主要理念的政治组织……它是由非常不同的团体进行的。例如，妇女团体、同性恋解放团体、农业团体、公民倡议团体、其他较小的现有生态政党。[1]

1980年至1983年间，博伊斯在公开讨论和采访中对绿党及其政策赞不绝口。由于联邦议院的政治竞选，这些声明不是发表在精英艺术期刊上，而是发表在大众媒体杂志上，如《斯特恩》（*Stern*）和《明镜》（*Der Spiegel*）。在全国性的政党大会上，以及在北威州的地方上，FIU表现出了强大的影响力。博伊斯公开为绿党和他的朋友——候选人佩特拉·凯利竞选；他出席了1983年选举前的全国大会，表明他作为候选人的严肃性。[2]

博伊斯利用他的媒体身份，为绿党的另类议程赢得了媒体的关注。有一次，绿党领导人迪特尔·伯格曼（Dieter Burgmann）指责施普林格出版社在其报纸和电视节目中不对绿党的竞选活动进行报道。此后不久，博伊斯在1980年10月占领了一天科隆的WDR（西德广播公司）公司大楼，

---

[1] 克莱夫·罗伯逊和丽莎·斯蒂尔，"你们会说博伊斯语吗？博伊斯访谈"，《中心折页》，Ⅲ/6（1979年9月），第308页。
[2] 乌尔里希·沃克莱因（Ulrich Volklein），"对我来说，竞选活动是艺术"，《斯特恩》杂志（*Stern Magazin*），41（1980年10月2日），第107—113页；"约瑟夫博伊斯——博物馆里的绿人"和《明镜周刊》采访："对灵魂状况的一点洞察：约瑟夫·博伊斯谈他与'绿党'的关系"，《明镜周刊》，45（1979年11月5日），第250—270页；查尔斯·威尔普（Charles Wilp），"一个完全正常的公民"，《小费》（*Tip*），22（柏林，1982年10月22日），第33页；"自由如何运作？"，《齐蒂》（*Zitty*），12（柏林，1979年6月1日），第27页。

以抗议媒体对绿党运动或任何质疑主流政党政策的替代性政治议程的报道不足。[1]

博伊斯的众多西德画廊主经过多年努力，实现了他和安迪·沃霍尔在他们的空间里的一系列会面。在1979至1980年进行了这些高度公开的会面后，沃霍尔在1980年为绿党竞选创作了一张海报，这是他创作的少数政治海报之一。博伊斯和沃霍尔曾多次会面，从1979年5月在杜塞尔多夫的勒内/梅耶画廊开始，同年晚些时候在纽约，次年在慕尼黑的贝恩德·克鲁泽画廊和那不勒斯的卢西奥·阿梅里奥画廊见面。[2] 沃霍尔最初建议在竞选中使用他的博伊斯肖像，但他却设计了一张新的海报——最终用于在杜塞尔多夫布展——其中有他自己的自画像。当被问及他对博伊斯的政治活动的支持时，沃霍尔回答说："博伊斯真的应该成为总统。你认为他能成为总理吗？那就太好了。"[3] 在另一张海报中，约翰内斯·斯图特根和博伊斯选择了尤特·克洛普豪斯（Ute Klophaus）1963年拍摄的一张物品照片《无敌》：照片中一个玩具士兵与一只用黏土制成的较大的野兔模型对峙。杜塞尔多夫绿党在1979年和1983年

---

[1] 参见沃克莱因，"对我来说，竞选活动是艺术"，第113页。
[2] 见阿德里亚尼、康纳兹和托马斯，《约瑟夫·博伊斯》（科隆，1994），第354—355页，以及约翰内斯·斯图特根，《沃霍尔—博伊斯—事件》（Das Warhol-Beuys-Event，旺根，1987），第12—17页。沃霍尔于1980年4月在卢西奥·阿梅里奥画廊展出了他的博伊斯肖像画。
[3] 约翰内斯·斯图特根，"这些琐碎的废话是什么？我们来准备下个世纪的文化"，FIU小册子（1981年2月2日），第13页；艾哈德·克莱因收藏，波恩艺术博物馆。

的选举中都将这张照片用于海报。绿党在1983年使用这个形象表明博伊斯即使在当年退出候选人资格后仍继续支持该党。

有人认为,博伊斯对绿党的环保主义"反政治"的接受,以某种方式使其进入了他的装置和物品。绿党成员于尔根·宾德(Jürgen Binder)认为,在博伊斯1980年的装置作品《从仓库出发(觉醒)之前1》(*Before Departure/Awakening from the Depot I*)中,他将FIU和绿党的关切结合起来。该作品以作品标题中的旅行或逃离的隐喻来解决个人意识改变的临界时刻。博伊斯在早期的装置和表演中也同样将临界点视觉化。在《从仓库出发(觉醒)之前》中,博伊斯将个人意识变化的时刻与一个特定的政治组织联系起来。1979年底,当博伊斯还在为绿党竞选时,他的装置作品将社会雕塑的实践和材料与绿党联系在一起,他使用了绿色的粉笔板和桌子来制作装置,其中还包括"直接民主"办公室的家具,以及脂肪和毛毡等材料。[1]

即使在1983年博伊斯在绿党内失宠后,他仍在两个大型公共项目中继续创作与绿党环保主义有关的艺术作品:"7000棵橡树——城市造林而不是城市管理(1981-7)"和拟议的"汉堡自由汉萨城总体艺术作品"(也称为斯普尔

---

[1] 于尔根·宾德,"绿党——在离开我的营地之前?",见《西米利亚·西米利布:为约瑟夫·博伊斯60岁生日致贺》(科隆,1981),第55—61页。另见阿德里亚尼、康纳兹和托马斯,《约瑟夫·博伊斯》,第177页。

费尔德·阿尔滕维尔德试点项目，1983-4）。广泛的植树项目"7000棵橡树"于1982年在德国卡塞尔的文献展上开始，并在其他城市，包括纽约进行。1987年博伊斯去世后，他的儿子温泽尔种下了最后一棵树，该项目才得以完成。"汉堡市自由汉萨城总体艺术作品"是博伊斯的建议，在城市郊区易北河附近一个巨大的污染池塘地区种植植被。博伊斯计划在这个地方引入新的植被，以恢复城市景观的生态体系。这个建议被汉堡市拒绝了，今天该地区作为一个集装箱码头使用。这一决定无疑让许多反对它的人感到失望。

博伊斯为1982年的文献展准备了"7000棵橡树"，这是他最精心的艺术作品之一，这个项目需要在六年内每年在卡塞尔资助、协调和种植一千多棵树，口号是"Stadtverwaldung statt Stadtverwaltung"（此为无法翻译的文字游戏，概括为"对我来说，一个树木茂盛的城市似乎远比一个管理不善的城市好"）。[1] 该项目将通过免税捐款获得资金，它使博伊斯进入了一些奇怪的金融联盟，其中包括出现在日本日果（Nikka）集团的威士忌电视广告和假日酒店的广告中。[2] 绿党起初募集了五马克的小额捐款，并

---

[1] 博伊斯引用自约翰内斯·斯图特根，《约瑟夫·博伊斯：7000棵橡树》（旺根，1982），翻译：伊丽莎白·胡恩，第4页，艾哈德·克莱因收藏，波恩艺术博物馆。

[2] 托马斯·尼迈耶，"7000棵橡树协调办公室的工作"，见《约瑟夫·博伊斯：文献展》（卡塞尔，1993），编辑：洛尔斯（V. Loers）和维茨曼（P. Witzmann），第228—236页。

提供了一份确认捐款的证书。然而，他们很快就收回了这一支持博伊斯项目的公开信号，而只是作为该作品的一长串捐助者之一。[1]

博伊斯认为，绿党可能是实施 FIU 指令的手段，即通过"一种新的政治工作和政治组织风格"，重新构想一种不是用金钱而是用创意来运作的经济，这可能包括博伊斯的艺术。[2] 然而，联邦议院的竞选活动迫使绿党变得越来越务实，并采取传统的策略来试图赢得选票。这种必要性将迫使绿党与欧盟的一些更激进的提议保持距离，例如那些关于货币制度改革的提议。1973 年，博伊斯开始接触威廉·施蒙特和恩斯特·洛布（Ernst Löbl）的作品，当时他开始参加国际文化中心（Internationales Kulturzentrum Achberg）的讲座，特别是"第三条道路行动"部分，该部分每年举行独立大会。施蒙特试图将以"基地"为中心的社会经济马克思主义与鲁道夫·施泰纳的总体化有机社会模型综合起来。因此，施蒙特对某些施泰纳思想的重新思考与博伊斯的某些思想相类似，但在区分资本和货币以及提出另一种货币流通体系时，他侧重于经济模式的发展。1977 年文献展上的"蜜泵"（Honeypump at the Workplace）

---

[1] 尼迈耶，"文献展"，第 231 页，图 162。有关该项目（最初由迪亚基金会资助）的捐助者名单，请参阅《约瑟夫·博伊斯的 7000 棵橡树》（科隆，1987），编辑：F. 格勒纳（F. Groener）和 R. M. 坎德勒（R. M. Kandler），第 259—260 页。
[2] 参见约瑟夫·博伊斯的"呼吁另一种方案"，尤其是第 314 页。

项目揭示了博伊斯对施蒙特思想的熟悉,以及他通过"经济价值"(Wirtschaftswerte)和创意之间的联系对经济的日益关注。与资本的积累模式相反,博伊斯在他关于蜜泵项目和"FIU工作坊"在其中的作用的文章中引入了施蒙特的社会内部货币流通模式。博伊斯在许多作品中继续研究施蒙特的循环模式,最特别的是在他1980年的装置作品《经济价值》和1977年与该装置一起制作的一系列多件作品和物品中。然而,最终,虽然博伊斯在杜塞尔多夫绿党提出的候选人名单中名列前茅,但在1982年12月哈根举行的绿党大会(德国联邦党代会)上,他没有被选为北威州的正式代表。

一些早期的支持者指责绿党在神经质地放弃与博伊斯的公开联系时放弃了其反党派的、知识分子的根基,博伊斯在西德媒体中通常被描述为"相当疯狂"(Verrückter Spinner),但对许多成员来说,他仍然是"艺术与政治联系的象征,是此时此地实践的乌托邦的一部分"。他们坚持认为,正是博伊斯,为要求与他的思想进行公开对抗的绿党提供了某种程度的"革命承诺"的尺度。[1] 博伊斯要求公众重新思考社会和政治的结构,这一点在竞选中经常出现偏差,并给其他政党候选人留下了需

---

[1] "议会选举概览系列",见《约瑟夫·博伊斯:读者》(剑桥,马萨诸塞州和伦敦,2007),编辑:C. 梅施和V. 米歇利,第218—230页,最初发表于《概览》,Ⅶ/3(1983年3月),第14页。

要纠正的问题。有一次，当被公开问及绿党是否反对职业禁止制度（Berufsverbot）时，博伊斯回答说"当然"，然后又说，"是的，绿党反对职业禁止制度，但他们自然是职业禁止制度最坚定的支持者"。[1] 观众们只能疑惑地摇头。

1983 年，绿党没有推荐博伊斯作为正式候选人。他们选择了贝恩德·布伦斯（Bernd Bruns）和杜塞尔多夫广为人知的自由派律师奥托·希利（Otto Schily）等成员。值得注意的是，希利曾在 1975 年至 1977 年为被监禁的红军派成员（又称巴德尔·迈因霍夫集团）担任过律师。他后来在 1998 年至 2005 年担任联邦内政部长，是社会民主党成员。但该党内的其他人，最引人注目的是佩特拉·凯利，指出博伊斯是该党知识分子的渊源。[2] 凯利在 FIU 工作后加入绿党。她于 1979 年成为绿党出席欧洲议会的代表，并于 1983 年作为巴伐利亚州的代表成为绿党的联邦议院领袖。她继续在德国议会任职，直到 1992 年 10 月被谋杀。即使在她成为该党最知名的政治家之后，凯利仍继续与博伊斯保持着密切的公开联系。博伊斯在 1979 年作为绿党

---

1 卢卡斯·贝克曼（Lukas Beckmann），"政治也是自由的实践"，见《西米利亚·西米利布》，第 62—64 页。
2 佩特拉·凯利，"约瑟夫·博伊斯：当其他人来的时候，博伊斯总是走了！"，在杜塞尔多夫市的研讨会"平行思考"上的演讲，与展览"约瑟夫·博伊斯：自然、物质、造型"（1992 年 1 月 18 日），转载于佩特拉·凯利和约瑟夫·博伊斯，《那天晚上，人们……》（*Diese Nacht, in die die Mens-chen ...*，旺根，1994），第 104 页。

候选人参选，1980 年在杜塞尔多夫再次参选，而且博伊斯参加了 1980 年绿党的成立大会。然而，当博伊斯在 1983 年的大选中争取代表北威州时，未能获得该党的提名，这一经历显然让他对既定的政治产生了不满。虽然他一直保留着绿党成员的身份直到去世，但此后他不再参与主流政治。

这样一来，社会雕塑作为一种"新的政治风格"，将德国议会机构从内部转变为 FIU 的公共领域，在政党政治的重压下崩溃了。在他 1985 年的演讲《谈论自己的国家：德国》的演讲中，博伊斯评论道：

> 我现在不想对绿党目前正在做的事情说什么，只是再次指出，政治的想法对我来说变得越来越不可能……政治的能力包括放弃所有潜在的前瞻性想法……政治的想法在自我管理的概念中是不适用的。

似乎这次演讲标志着博伊斯所谓的"实验或行为"的结束，或者说结束了他在 1971 年与"直接民主组织"开始的传统政治参与。博伊斯继续指出社会雕塑的潜力，以实现康定斯基、莱姆布鲁克和保罗-克利等 20 世纪早期现代派的"伟大的信号般的自然，指向未来"。然而，他强烈否认"人类意识的深刻转变"，即他认为在现代性之后必须采取的与信仰有关的一步："因此，当我断言人人都是艺术家时，这是我工作的结果，而不是我假设每个人都必须相信的事实。"[1] 相反，真正的个人自由和自我管理是在艺术中找到的，这是"唯一仍未被接受的功能，它来自于历史的过去，但会作为未来返回"。[2]

---

[1] 约瑟夫·博伊斯，《谈论自己的国家：德国》，见《纪念约瑟夫·博伊斯：讣告、论文、演讲》（波恩，1986），第39页。
[2] 同上，第44页。

6　艺术家的形象与"街区"

艺术家在塑造自己的形象和构建自己的遗产方面发挥了相当大的作用。例如，马塞尔·杜尚培养了一圈有影响力的赞助人和收藏家，他们保证他的作品将被保存在著名的公共收藏中。正如艺术家坎迪斯·布雷茨（Candice Breitz）不久前所认识到的，安迪·沃霍尔的艺术的一个主要部分，在一些采访和向媒体发表的声明中形成，与他自己的角色表演有关；沃霍尔的自画像以有趣的方式与这个角色相交。

博伊斯也不例外。一般来说，博伊斯的实体艺术作品在德国比在国外更出名。也许博伊斯的（摄影）形象已经成为他作品中最具标志性和代表性的东西。博伊斯在他的一生中积极塑造了自己的形象和遗产。沃霍尔关于这位艺术家的"钻石尘"丝网画成为他最重要的肖像画之一并不是巧合；正如后来沃霍尔的惯常做法，他的博伊斯肖像画捕捉了一个艺术界的标志性人物，但更多的是一个名人。

在全球化的艺术世界里，博伊斯仍然是一个标志性人物。李占洋的雕塑作品《租》（2007年）表明，自从他去世后，博伊斯已经超越了名人的范畴，成为新的全球艺术世界本身的一个标志，在政治领域测试其极限。自从博伊斯去世后，他的遗产的构建主要由他的遗产继承人和前合作者进行，其中一些人继续他开始的工作。在博伊斯之后，我们如何继续理解博伊斯？

正如在第三章中所讨论的，博伊斯的"生命历程/工作历程"文件经常被声称是他将艺术和（他自己的传记）生活独特融合的主要蓝图/策略。该文件也是博伊斯在艺术史典籍中的自我铭刻，这一经营上的壮举也是由杜尚完成的，博伊斯对他既钦佩又谴责。博伊斯的名气，以及他的作品在战后艺术中的独特性的认知，更根本的是由另一个文本阿德里亚尼、康纳兹和托马斯的《约瑟夫·博伊斯：1974年的生活与作品》。从1974年到1994年，这本书被重印了三次，而且是扩大版；1979年，也就是博伊斯的古根海姆回顾展和在国际上取得重大突破的那一年，出版了英文版本。阿德里亚尼对文本和照片的独特融合包括博伊斯自己的叙述，以及从媒体和其他来源获得的报道。按照超现实主义的方式，阿德里亚尼在这些书中所包括的艺术品或场地的图像往往看起来是纪实性的，但也是偶然的，甚至与围绕它们的文字无关。阿德里亚尼的书在卡罗琳·蒂斯达尔1979年神秘的古根海姆展览目录的结构和风格中被进一步重现；然而，蒂斯达尔的目录几乎完全预示着博伊斯的声音。2008 年，奥根·布鲁姆在伴随柏林汉堡火车站回顾展的巨著《约瑟夫·博伊斯：我们即革命》（*Joseph Beuys: Die Revolution Sind Wir*）中再次采用了阿德里亚尼的格式。然而，这最后也是最近的一次改编是作为一项更接近文献的工作提出的。因此，虽然它在形式和结构上似乎延续了阿德里亚尼关于博伊斯的书的风格，但它的基调却完全不同。

阿德里亚尼的书围绕着博伊斯和他的艺术培养出的谜团并不完全产生于其文本/图像关系。尤特·克洛普豪斯为博伊斯的物品和表演拍摄的雄伟的照片也做出了同样的贡献，它们在行为艺术和更广泛的战后艺术史上是无可比拟的。从一开始，阿德里亚尼和后来的蒂斯达尔就非常有效地利用了克洛普豪斯的照片。这两个女人都是博伊斯崛起的组成部分。正如蒂斯达尔所说，她在 1974 年后的某个时候成为博伊斯的"合作者和旅行伙伴"。[1] 早在他的全部艺术活动在德国以外变得广为人知之前，克洛普豪斯的图像和 1979 年目录的不同寻常的版式就巩固了博伊斯在艺术界的声誉。

博伊斯去世后不久，克洛普豪斯评论了他对摄影图像的普遍敌对态度：

---

1 乔纳森·琼斯，"坠落地球的人（对卡罗琳·蒂斯达尔的采访）"，《卫报》（1999 年 7 月 18 日），www.theguardian.com。

他摄影却又拒绝它。他鄙视摄影家,就像鄙视那些自认为高人一等的敌人一样……我的照片从未说过:这是博伊斯。他们总是说,博伊斯也在别的地方。[1]

她说,博伊斯要求看她为他的行为所拍摄的照片,但他似乎忘记了这些结果并不是他自己的,而是摄影师的。他更喜欢黑白照片——克洛普豪斯掌握的媒介——而不是彩色的。博伊斯显然很看重黑白电影给他自己的表演或他的物品带来怀旧的、历史的和可以说是灵气的品质。她为博伊斯的艺术作品拍摄的照片,其令人回味的品质使其有别于其他任何作品;她的一张照片,来自《欧亚杖》的行为艺术,为1979年古根海姆目录的封面增光添彩。克洛普豪斯的图像略带颗粒感,周围通常有一个暗色的框架边框,很可能是她使用手绘底片载体时产生的,她的图像传达了关于其主题的复杂信息或"秘密"。[2] 通过她的图像,我们成功地见证了早已成为过去的事件由博伊斯表演出来,这个表演的叙述和结果被隐藏起来,我们却不知道。我们目

---

[1] 尤特·克洛普豪斯,"约瑟夫·博伊斯与摄影:摄影——他的对立面",见《存在和停留:约瑟夫·博伊斯的摄影》(波恩,1986),展览目录,波纳艺术协会,波恩,编辑:L. 格洛泽(L. Gloser)和M. 约基姆斯(M. Jochimsen),第6页。
[2] 2010年在纽约的佩斯·维尔登斯坦(Pace Wildenstein)画廊展览名为"约瑟夫·博伊斯:让秘密富有成效——雕塑和物体,约瑟夫·博伊斯的摄影,尤特·克洛普豪斯的行动"。

睹了可能是考古物品或用于某种仪式的遗物的物体，但现在还不知道。高对比度是她许多关于博伊斯的照片的特点，这肯定是在进行这些表演的画廊空间光线不足的情况下拍摄的结果。这种对比也唤起了"阴暗主义"（tenebrism），就像卡拉瓦乔在他的画作中运用这一手法来强调宗教皈依的戏剧性；它为图像增添了神秘感、戏剧性和精神内涵。

此外，克洛普豪斯的图像传达了一个晦涩的、可能是奇迹的事件。作为对博伊斯绝对控制自己图像的自负观念的一种斥责，克洛普豪斯经常在照片中加入底片载体的标记，这使得观众无法完全沉浸在图像中，成为通往另一个现实的窗口。渗入画面的厚重黑边提醒观众，他们看到的是一张由他人创作的照片。我们看到的是一个不仅由摄影，而且由第一目击者——摄影师——介入的事件。也许与此相矛盾的是，克洛普豪斯为这一事件的真实性创造了一种视觉上的感觉，因为在底片周围，由已拍好的底片载体造成的黑色痕迹表明，在冲洗过程中没有进一步裁剪图像，或者说，整个底片的框架都已印好。因此，她的图像既包含了她在创造图像时的干预，也包含了其真实性的迹象。

当描述她在科隆作为摄影师进行多年训练时，克洛普豪斯提到了一个值得注意的审美体验——她在那里遇到了施努特根博物馆的许多哥特式和浪漫主义的十字架，当时安装在圣塞西莉亚的罗马式教堂：

> 我做了一个实验：我看着他们，想从他们身上体验一些精神上的东西，体验他们背后的东西。我测试了它们是否真的会导致某些东西在它们所代表的东西和我的人之间发生变化……我认为呈现上帝的十字架是上帝说话的对象。但他们保持沉默，仍然是对象。[1]

她与博伊斯的第一次相遇是通过他的一件十字架物品，一件由泥土制成的物品，是她在科隆认识的一位克莱沃画家的收藏品。她说她当时对博伊斯一无所知。我们可以推测，这个用泥土制成的十字架通过了克洛普豪斯的测试，因为在接下来的二十年里她大部分时间都在拍摄他的作品。克洛普豪斯的博伊斯照片无疑将他置于某个另类的位置。它们为主题赋予了强烈的精神性，甚至是一个具有仪式性的主调。与博伊斯的艺术作品本身一样，这些照片推动了博伊斯进入艺术界和市场的上层。

博伊斯与其他人在1973年建立反体制的自由国际大学也为他的遗产做出了贡献。与博伊斯合作的几个人，主要是约翰内斯·斯图特根、卡罗琳·蒂斯达尔、谢利·萨克斯（Shelley Sacks）、雷纳·拉普曼、萨宾·克雷茨施马（Sabine Kretzschmar）、雷亚·唐格斯（Rhea Tönges）和卢克雷齐娅·多米齐奥·杜里尼（Lucrezia de Domizio Durini），

---

[1] 克洛普豪斯，《约瑟夫·博伊斯与摄影》，第6页。

继续致力于在各个方面推动 FIU 的发展。其中，FIU 出版社是 FIU 保护伞下最活跃的剩余企业之一；在拉普曼的管理下，它在网络上占有相当大的份额，并继续销售有关博伊斯的出版物和光盘。直到 2007 年，该组织在不同的地方召开了关于博伊斯和社会雕塑的研讨会和会议——德国的阿尔高、阿赫伯格和慕尼黑；阿姆斯特丹、都柏林和威尼斯双年展。[1] FIU 自由艺术学校（Freie Kunst Schule FIU）位于汉堡。[2] 在这一群体中，阿姆斯特丹的 FIU 分会仍然最为活跃。[3] 自 1989 年以来，"社会雕塑协会（Verein Soziale Skulptur，简称 VSS）"还在阿赫贝格召开了研讨会、讨论和讲座，最近的主题是"约瑟夫·博伊斯和野兔"（Joseph Beuys and the Hare，2013 年）。VSS 建立了一个流动的博伊斯档案，于 2015 年首次安置在弗里德里希港的齐柏林大学；它还出版了一份时事通讯，并在其他方面保持着活跃的网络存在。[4]

蒂斯达尔与另一位博伊斯的合作者和 FIU 的校友谢利·萨克斯一起，在 1998 年成立于牛津布鲁克斯大学的社会雕塑研究室（SSRU）任教。SSRU 致力于研究"当今社

---

[1] 关于慕尼黑 FIU，请参阅 www.sozialeskulptur-muenchen.de，于 2016 年 3 月 10 日访问。
[2] 关于汉堡自由艺术学校，请参阅 www.frei-kunstschule-hh-fiu.de，于 2016 年 3 月 10 日访问。
[3] 关于阿姆斯特丹 FIU，请参阅 www.Fi uamsterdam.com，于 2016 年 3 月 10 日访问。
[4] 关于"社会雕塑协会"，请参阅 www.sozialeskulptur.com，于 2016 年 7 月 12 日访问。

会雕塑的实践和发展以及相关的反思过程"。[1] 它提供几个研究生学位,包括一个博士学位。蒂斯达尔和萨克斯参加了一些发展社会雕塑概念和实践的研讨会和小组,例如,在柏林的海因里希·伯尔基金会(主题为"连接和催化:美学、社区和生态走向一个可持续发展文化"),一个包括意大利艺术家米开朗基罗·皮斯托莱托的小组。他们将自己的项目"树木大学"描述为一个社会雕塑,同时也是一个"社会生态行动的灵活框架,其中树木是我们的老师,生态危机被看作是良心觉悟的机会"。[2] SSRU 网站已经在英国、德国和其他国家(包括加拿大和美国)之间建立了在线和实体网络。

然而,也许博伊斯最持久的遗产之一,也是他整个作品的准确隐喻,就是在达姆施塔特的黑森州博物馆(Hessisches Landesmuseum)中广泛安置了他自己的艺术作品——博伊斯街区。将博伊斯最大的作品群安置在一个并非专门用于艺术品展示的博物馆中,再次表明他成功地将艺术融入了其他知识领域。这批博伊斯的作品和它们的安置在整个收购历史上都是有争议的。博伊斯在 1970 年将该建筑群的大部分改装为"博伊斯街区"(Block Beuys),但

---

[1] 关于牛津布鲁克斯大学艺术学院社会雕塑研究中心,请参阅 www.social-sculpture.org,于 2016 年 7 月 12 日访问。
[2] 关于树木大学,请参阅 www.universityofthetrees.org 上的"About",于 2016 年 7 月 12 日访问。

在1980年和1984年对其进行了修改。它最初是战后富有的工业家卡尔·斯特罗赫（Karl Ströher）收藏的一部分，他把它长期借给达姆施塔特博物馆。斯特罗赫收藏的其他部分，如他的波普艺术群，在1977年被卖掉了，但博伊斯的作品被留下来了。博伊斯将装置艺术扩展到沃霍尔的画作曾经占据的房间。在一片争论声中，博伊斯的作品于1989年被黑森州购买。"博伊斯街区"对雕塑、物品和玻璃制品的非常规布置提供了一个了解博伊斯重新配置的（艺术）博物馆概念的窗口。

从1979年到2007年，博伊斯街区由达姆施塔特博物馆二楼的七个房间组成。第一间房几乎是光秃秃的，正如奥根·布鲁姆所回忆的那样，1970年，博伊斯在其中拍摄了一场表演，给这个空间打上了明显的标记；这部电影的标题是《西伯利亚大铁路》，我们可以把这个标题用于第一间房。博伊斯用独立的雕塑、装置、表演遗物挤满了随后的更拥挤的房间，其中包括《猎鹿场景》（1961年，博伊斯较长系列的工作室参考作品的第一件作品），《宠爱Ⅱ》（1968年），《宠爱Ⅲ/3》（1979年），《格劳巴勒男尸》（*Grauballe Man*，1952年），《处女》（*Virgin*，1961年），《大山》（*Mountain King*，1961年），《脂肪椅》（*Fat Chair*，蒂斯达尔注明为1964年），《毛毡TV》（*Felt TV*，1970年），以及臭名昭著的《奥斯维辛集中营示威》（*Auschwitz Demonstration*，1956—1964年），5号厅的一个玻璃柜。整个"街区"的高潮是几间由博伊斯式的玻璃器皿组成的房间，在一个画廊里，这些玻璃器皿被有序地安装在网格中，但在"街区"的第七个画廊里，博伊斯将它们挤在房间的一侧，排列混乱，使得在空间里看到不同的玻璃器皿，即使退出房间也能看到，这对参观者来说是一个挑战。显然，博伊斯决定将褪色的橙棕色黄麻织物留在原地，这些织物排列在这些中世纪和巴洛克绘画昔日画廊的墙壁上，克劳迪奥·阿巴特（Claudio Abate）的彩色照片记录了这种效果。当我在20世纪90年代访问"街区"时，墙壁和地毯已经褪色并且有奇怪的污渍；我认为这种标记性的表面是博伊斯在那里展出的腐烂的、受信息影响的物体的一个合适的背景。这些是博物馆的表面，以一种博伊斯认可的方式提及了时间的流逝。"博伊斯街区"的多房间装置在2008年被拆除之前，多年来被一些摄影师广泛记录，从1989年博物馆的冈特·肖特（Günter Schott），到克劳迪奥·阿巴特在豪华的《约瑟夫·博伊斯》一书中的非典型彩色摄影。《博伊斯街区》1990年由伊娃、温泽尔和杰西卡·博伊斯出版，最后在2004年由曼弗雷德·莱夫（Manfred Leve）再次拍摄成黑白胶片电影。

博伊斯在达姆施塔特博物馆自编的永久收藏激发了其他一些艺术家对它的回应和解释。首先，也许是最重要的，伊米·克诺贝尔——博伊斯60年代数百名学生中最知名的一个——在博伊斯街区1号房间外安装了他的19号房间的版本。这种装置的并置呼应了克诺贝尔与他的导师博伊斯在杜塞尔多夫学院的邻居关系,当时他的工作室与博伊斯的工作室相邻;除了克诺贝尔,班上其他著名的男学生布林基·巴勒莫(Blinky Palermo)、约尔格·伊门多夫和另一个伊米,也在不同时期将19号房间作为工作室。克诺贝尔的作品被放置在街区外,成为一种对学生/教师互动的有效空间深思熟虑的纪念。但这也表明他与他老师的艺术外观和哲学有了彻底的不同。19号房间表明,博伊斯最终要么是一个伟大的老师,要么是一个能够通过将许多非常有才华的学生聚集在正确的地方,在正确的历史点上使事情发生的人。作曲家理查德·里金沃斯(Richard Rijnvos)的作品《博伊斯街区》(1995—2000年)是一个由七个部分组成的音乐套曲;每个部分都是关于博伊斯在达姆施塔特前街区的一个房间。英国艺术家塔西塔·迪恩(Tacita Dean)在2007年完成了她的作品《达姆施塔特工作区》(*Darmstädter Werkblock*),她在"博伊斯街区"博物馆因翻新/销毁而关闭前不久拍摄了电影(16毫米电影)。她的影片没有展示博伊斯的艺术作品,只是展示了博伊斯房间的外观和装饰,如其褪色的玉石墙。街区的独特品质和成就是她认为最吸引人的地方,也只有这一点使她发现博伊斯的整个作品具有价值和兴趣:

这个装置是思想和实践的公开表现,不受今天阻碍艺术家的那种考虑的影响——市场的干预、所有权的问题,以及在你的作品落入博物馆之手后不可能再被允许插手自己的作品。当然,这些都是时代赋予的自由——但这正是这些特殊房间所承担的:一种公共领域中的私人空间感,所有的当代性和制作能量都浸入了容纳它的墙壁中……它是或曾经是一个与其他任何地方都截然不同的地方。[1]

虽然她的作品以令人钦佩的方式处理了这一挫折,但迪恩并没有获得拍摄整个装置作品的许可。

作为一个相当混乱的组合,"博伊斯街区"还隐喻了博伊斯一生中与艺术收藏家和机构的不愉快和不总是成功的交易。除了斯特罗赫和范·德·格林顿夫妇,他的主要收藏家包括埃里希·马克思(Erich Marx)、赖纳·斯培克(Reiner Speck)和海纳·巴斯蒂安。直到他去世后,博伊斯的作品才实质性地进入德国以外的主要艺术机构和美国。在达姆施塔特博物馆馆长伊娜·布什博士决定用更传统的装修来更新它的地板和墙壁后,博伊斯街区的完整性和未来受到了怀疑。除了迪恩的作品之外,这一决定还遭到了一些艺术家以及德国和世界各地的知名博伊斯学者、收藏家和画廊主的抗议。然而,2014 年,达姆施塔特博物馆在进行了为期六年的大规模装修后重新向公众开放,其中包

---

[1] 塔西塔·迪恩,"博伊斯街区",《艺术论坛》(2007 年 12 月),第 315 页。

括博伊斯街区的房间。

另一个以独特方式为博伊斯遗产做出贡献的地方是位于贝德堡-豪的莫伊兰德博物馆，它靠近博伊斯自我选择的出生地克莱沃，位于莱茵河下游的田园乡村。该博物馆位于一座19世纪的城堡中，周围有护城河和精心照料的花园，还有一个雕塑花园，里面有其他20世纪艺术家的作品，如格哈德·马克斯、詹姆斯·李·贝耶斯和海因茨·马克。汉斯和约瑟夫·范·德·格林顿的重要收藏都在那里，约瑟夫·博伊斯的档案也在那里。将博伊斯的主要藏品放置在莫伊兰宫的乡村前哨，实际上是一个有灵感的选择。博伊斯在各种艺术作品中反复提到这个地区；博伊斯最重要的1963年"马厩"展览就在附近的范·德·格林顿农舍举行；他的第一个也可以说是最重要的艺术收藏是在克莱沃积累的。这个乡村遗址非常恰当且戏剧性地将博伊斯的作品与其他20世纪雕塑作品联系起来，并揭示了博伊斯在莱茵河下游的根源和其反现代的现代主义倾向。

然而，黑森州博物馆最近的变化引发了一个问题：博伊斯的艺术本身是否已经过时？它能否在不被博伊斯这个人推动的情况下坚持自己的立场？这些问题再次被提出，在玛丽娜·阿布拉莫维奇2005年古根海姆博物馆的系列作品《七个小品》中，她重新演绎了1965年的《如何向一只死兔子解释图片》。阿布拉莫维奇的表演似乎不是表达解构的精神——正如伊莱恩·斯图尔特万特（Elaine Sturtevant）

多次对博伊斯的表演所做的那样——而是向其创造者致敬。也许博伊斯是全球化时代最后一个在文化上逐渐消失的实体之一：富有魅力、著名的欧洲现代艺术家。这一角色已经进入音乐、电影和电视名人的领地。这也许是欧洲人对他和他的作品变得更加悲观的原因之一。正如迪恩所暗示的，博伊斯"回归"的另一面与我们的认识有关，即他的作品照亮了20世纪60年代的独特背景，以及其也许已经失去的实验文化和对艺术与政治、科学、精神和历史关系的试验。而且，博伊斯的许多物品本身是由脆弱的有机材料组成的，这些材料正处于完全瓦解的状态。在选择这些材料时，他明确表示，他的艺术遗产将在他的想法的其他静态表现中得到体现，有些是通过他为执行这些想法而建立的机构和网络。作为20世纪80年代7000棵橡树项目的一部分，博伊斯在卡塞尔市和其他地方种植的橡树和其他品种的树木，现在都耸立在其伴随的玄武岩标记上。随着时间的推移，它们实际上已经成为景观的一部分，也许它们最终将不再能被识别为艺术。作为活的有机体，这些树鼓励我们对艺术和我们自己与有生命的物质和材料的关系进行微妙的思考。

参考书目

英语资料

Ackermann, Marion, Maria Muller and Gottfried Bohm, *Joseph Beuys: Parallel Processes* (Munich, 2010)

Adriani, Götz, Winfried Konnertz and Karin Thomas, *Joseph Beuys: Life and Work*, trans. Patricia Lech (New York, 1979)

Antliff, Allan, *Joseph Beuys* (London, 2014)

Bennett, Jill, *Empathic Vision: Affect, Trauma, and Contemporary Art* (Palo Alto, ca, 2005)

Beuys, Eva, Wenzel Beuys and Jessyka Beuys, eds, *Joseph Beuys: Block Beuys* (Munich, 1997)

Beuys, Joseph, and Ulrich Rösch, *What is Money? A Discussion*, trans. Isabelle Boccon-Gibod (Forest Row, 2010)

Borer, Alain, *The Essential Joseph Beuys* (Cambridge, ma, 1997)

Chametzky, Peter, *Objects as History in Twentieth-century German Art* (Berkeley, ca, 2010)

Cooke, Lynne, and Karen Kelly, eds, *Joseph Beuys: Arena-Where Would I Have Got If I Had Been Intelligent!* (New York, 1994)

——, eds, *Joseph Beuys: Drawings after the Codices Madrid of Leonardo da Vinci*, exh. cat., Dia Center for the Arts, New York (New York, 1998)

De Domizio, Lucrezia, *The Felt Hat: Joseph Beuys: A Life Told* (Venice, 1997)

Devolder, Eddy, ed., *Joseph Beuys: Conversation with Eddy Devolder* [1977] (Gent, 1988)

Eliade, Mircea, *Shamanism: Archaic Techniques of Ecstasy* (New York, 1964)

Harlan, Volker, *What is Art? Conversations with Joseph Beuys*, trans. Matthew Barton and Shelley Sacks (Forest Row, 2004)

Kuoni, Carin, ed., *Energy Plan for Western Man: Joseph Beuys in America* (New York, 1990)

Lerm Hayes, Christa-Maria, *Post-war Germany and 'Objective Chance': W. G. Sebald, Joseph Beuys and Tacita Dean*, trans. Marion Dick (Göttingen, 2008)

——, and Victoria Walters, eds, *Beuysian Legacies in Ireland and Beyond: Art, Culture and Politics* (Berlin and Vienna, 2011)

Mesch, Claudia, 'Sculpture in Fog: Beuys' Vitrines', in *Sculpture and the Vitrine*, ed. John Welchman (Leeds, 2013), pp. 121–42

——, and Viola Michely, eds, *Joseph Beuys: The Reader* (London and Cambridge, ma, 2007)

Moffitt, John F., *Occultism in Avant-garde Art: The Case of Joseph Beuys* (*Studies in the Fine Arts: The Avant-garde*) (Ann Arbor, mi, 1988)

Rainbird, Sean, *Joseph Beuys and the Celtic World: Scotland, Ireland and England, 1970–85* (London, 2005)

Ray, Gene, ed., *Joseph Beuys: Mapping the Legacy* (New York, 2001)

Rösch, Ulrich, *We are the Revolution! Rudolf Steiner, Joseph Beuys, and the Threefold Social Impulse* (Forest Row, 2013)

Rosenthal, Mark, Sean Rainbird and Claudia Schmuckli, *Joseph Beuys: Actions, Vitrines, Environments*, exh. cat., The Menil Collection, Houston (Houston, tx, 2004)

Schellmann, Jörg, and Bernd Klüser, eds, *Joseph Beuys Multiples: Catalogue Raisonné*, trans. Caroline Tisdall (New York, 1980)

Scribner, Charity, 'Object, Fetish, Relic, Thing: Joseph Beuys and the Museum', *Critical Inquiry*, xxix/4 (2003), pp. 634–49

Stachelhaus, Heiner, *Joseph Beuys*, trans. David Britt (New York, 1991)

Staeck, Klaus, and Gerhard Steidl, *Beuys Book* (Göttingen, 2010)

Stokic, Jovana, 'Beuys's Lesson in Belgrade', in *Post: Notes on Modern and Contemporary Art around the Globe* (research at moma), http://post.at.moma.org, 25 November 2014

Strauss, David Levi, 'American Beuys', in *Between Dog and Wolf: Essays on Art and Politics* (New York, 1999)

Stüttgen, Johanne, *Joseph Beuys: 7,000 Oaks*, trans. Elisabeth Huhn (Wangen, 1982)

Suquet, Annie, 'Archaic Thought and Ritual in the Work of Joseph Beuys', *Res*, 28 (1995), pp. 148–62

Täuber, Rita, ed., *Joseph Beuys and Italy* (Bielefeld, 2016)

Taylor, Mark C., *Refiguring the Spiritual: Beuys, Barney, Turrell, Goldsworthy* (New York, 2012)

Temkin, Ann, *Thinking is Form: The Drawings of Joseph Beuys* (Philadelphia, pa, 1993)

Thistlewood, David, ed., *Joseph Beuys: Diverging Critiques* (Liverpool, 1995)

Tisdall, Caroline, *Joseph Beuys* (New York, 1979)

——, *Joseph Beuys: Coyote* (Munich, 1976)

——, *Joseph Beuys: We Go this Way* (London, 2000)

Walters, Victoria, *Joseph Beuys and the Celtic Wor(l)d: A Language of Healing* (Berlin and Vienna, 2012)

德语资料

Adriani, Götz, Winfried Konnertz and Karin Thomas, *Joseph Beuys* (Cologne, 1994)

Anna, Susanne, ed., *Joseph Beuys, Düsseldorf* (Berlin, 2007)

Bastian, Heiner, ed., text by Dieter Koepplin, catalogue preparation by Céline Bastian, *Joseph Beuys: The Secret Block for a Secret Person in Ireland*, exh. cat., Martin-Gropius-Bau, Berlin, and Kunsthalle Tübingen (Munich, 1988)

Beuys, Eva, ed., *Joseph Beuys: Das Geheimnis Der Knospe Zarter Hülle Texte, 1941–1986* (Munich, 2000)

Bleyl, Matthias, ed., *Joseph Beuys. Der Erweiterte Kunstbegriff. Texte und Bilder zum Beuys-Block im Hessischen Landesmuseum Darmstadt* (Darmstadt, 1989)

Blume, Eugen, ed., *Joseph Beuys: Die Revolution Sind Wir*, exh. cat., Hamburger Bahnhof Museum für Gegenwart, Staatliche Museen zu Berlin (Göttingen, 2008)

Bodenmann-Ritter, Clara, ed., *Jeder Mensch ein Künstler*, 5th edn (Frankfurt, 1994)

Ermen, Reinhard, *Joseph Beuys* (Reinbek, 2007)

Fuhlbrügge, Heike, *Joseph Beuys und die anthropologische Landschaft* (Berlin, 2007)

Gallwitz, Klaus, 'Stationen der Erinnerung: Joseph Beuys und seine Strassenbahnhaltestelle', in *Festschrift für Eduard Trier*, ed. Werner Spies and Justus Müller Hofstede (Berlin, 1981), pp. 311ff

Gieseke, Frank, and Albert Markert, *Flieger, Filz und Vaterland: Eine erweiterte Beuys Biografie* (Berlin, 1996)

Groener, Fernando, and Rose-Maria Kandler, eds, *7, 000 Eichen Joseph Beuys* (Cologne, 1987)

Harlan, Volker, Rainer Rappmann, and Peter Schata, eds, *Soziale Plastik: Materialien zu Joseph Beuys* (Achenberg, 1984)

——, Dieter Koepplin and Rudolf Velhagen, eds, *Joseph Beuys-Tagung, Basel 1. —4. Mai 1991* (Basel, 1991)

Hoffmanns, Christiane, *Joseph Beuys: Bilder eines Lebens* (Leipzig, 2009)

Holzhey, Magdalena, *Im Labor des Zeichners: Joseph Beuys und die Naturwissenschaft* (Berlin, 2009)

Jappe, Georg, *Beuys Packen: Documente 1968–1996* (Regensburg, 1996)

——, 'Interview mit Beuys über Schlüsselerlebnisse, 27. 09. 1976', *Kunstnachrichten*, xiii/3 (Luzern, 1977), pp. 72ff

Joseph Beuys Symposium Kranenburg 1995 (Basel, 1996)

Kelly, Petra, and Joseph Beuys, *Diese Nacht, in die die Menschen ...* (Wangen, 1994)

Klophaus, Ute, Laszlo Gloser and Margarethe Jochimsen, eds, *Sein und Bleiben: Photographie zu Joseph Beuys*, exh. cat., Bonner Kunstverein, Bonn (Bonn, 1986)

Lerm Hayes, Christa-Maria, *James Joyce als Inspirationsquelle für Joseph Beuys* (Hildesheim, 2001)

Loers, Veit, and Pia Witzmann, eds, *Joseph Beuys: Documenta-Arbeit* (Kassel, 1993)

Lorenz, Inge, *Der Blick Zurück: Joseph Beuys und das Wesen der Kunst* (Münster, 1995)

Mennekes, Friedhelm, *Joseph Beuys: Christus Denken/Thinking Christ* (Stuttgart, 1996)

Mitscherlich, Alexander, 'Happenings-organisierter Unfug?', *Neue Rundschau*, lxxvii/1 (1966), pp. 106ff

——, 'Sind Happenings Gefährlich? Gedanken zur unbewältigten Gegenwart der Kunst', radio address transcript, Hessischer Rundfunk (Frankfurt, 1965)

Murken, Axel Hinrich, *Joseph Beuys und die Medezin* (Münster, 1979)

Nowald, Karlheinz, 'Realität/Beuys/Realität', in *Realität/Realismus/Realität*, exh. cat., Kunstmuseum Mannheim (Mannheim, 1976)

Oellers, Adam, '*Wollt ihr das totale Leben?*: *Fluxus und Agit-pop der 60er Jahre in Aachen* (Aachen, 1995)

Oltmann, Antje, '*Der Weltstoff letztendlich ist ... neu zu bilden*': *Joseph Beuys für und wider die Moderne* (Ostfildern, 1994)

Richter, Petra, *Mit, neben, gegen: Die Schüler von Joseph Beuys* (Düsseldorf, 2000)

Schneede, Uwe M., *Joseph Beuys: Die Aktionen-Kommentiertes Werkzeichnis mit fotographischen Dokumentationen* (Ostfildern-Ruit, 1994)

——, *Schriftenreihe des Joseph Beuys Medien-archivs* (Berlin, 2008)

——, *Similia Similibus: Joseph Beuys Zum 60: Geburtstag* (Cologne, 1981)

Steiner, Rudolf, *Wandtafelzeichnungen zum Vortragswerk*, vol. xxvii of *Tafeln zu den Bänden 351 und 352 der Rudolf Steiner Gesamtausgabe: Vorträge für die Arbeiter am Goetheanumbau*

(Dornach, 1995)

Stüttgen, Johannes, *Der Ganze Riemen: Joseph Beuys, der Auftritt als Lehrer an der Staatlichen Kunstakademie Düsseldorf, 1966 – 1972* (Cologne, 2008)

——, 'Die Stempel von Joseph Beuys', in *Joseph Beuys: Zeichnungen, Skulpturen, Objekte*, ed. Wilfried Dickhoff und Charlotte Werhahn (Düsseldorf, 1988), pp. 155 – 208

Szeemann, Harald, ed., *Beuysnobiscum* (Hamburg, 2008)

——, ed., *Joseph Beuys* (Zürich, 1993)

van der Grinten, F. J., and Friedhelm Mennekes, *Menschenbild-Christusbild: Auseinandersetzung mit einem Thema der Gegenwartskunst* (Stuttgart, 1984)

Verspohl, Franz-Joachim, *Joseph Beuys: Das Kapital Raum 1970 – 1977* (Frankfurt, 1983)

Von Simson, Otto, 'Kreuzigung, das Bekenntnis des Mystikers Joseph Beuys', *Frankfurter Allgemeine Zeitung* (2 April 1988), n. p.

约瑟夫·博伊斯的文稿

Angerbauer-Rau, Monika, *Beuys Kompass: Ein Lexikon zu den Gesprächen von Joseph Beuys* (Cologne, 1998)

Beuys, Joseph, 'Zur idealen Akademie: Gespräch mit Friedrich Wolfram Heubach', *Interfunktionen*, 2 (1969), pp. 59ff

——, 'I am Searching for Field Character', in *Art into Society, Society into Art*, exh. cat., Institute of Contemporary Arts, London (London, 1974)

——, 'Appeal for an Alternative by Joseph Beuys' [1978], trans. B. E. Kleer, *Centerfold*, iii/6 (Toronto, 1979), pp. 314ff

——, 'Das Museum-ein Ort der permanenten Konferenz', *Notizbuch*, 3 (Berlin, 1980), pp. 46ff

——, 'Eintritt in ein Lebewesen', in *Soziale Plastik: Materialien zu Joseph Beuys Soziale Plastik*, ed. Harlan Volker, Rainer Rappmann and Peter Schata (Achberg, 1984), pp. 123 – 8

——, 'Talking about One's Own Country: Germany', in *In Memoriam Joseph Beuys: Obituaries, Essays, Speeches*, trans. Timothy Nevill (Bonn, 1986)

——, 'Thanks to Wilhelm Lehmbruck', in *In Memoriam Joseph Beuys: Obituaries, Essays, Speeches*, trans. Timothy Nevill (Bonn, 1986)

——, and Heinrich Böll, 'Manifesto for the Foundation of a Free International School for Creativity and Interdisciplinary Research' [1972], in *Energy Plan for Western Man: Joseph Beuys in America*, ed. Carin Kuoni (New York, 1990), pp. 149–53

——, *Joseph Beuys: Diary of Seychelles* (Venice, 1996)

致谢

我要感谢位于坦佩的亚利桑那州立大学（ASU）的赫伯格设计与艺术学院，感谢他们对我工作的持续支持，并使本书以目前的形式出版。我还要感谢那些参与对话和其他对这个项目有帮助的人：贝蒂娜·帕斯特（Bettina Paust）博士和朱莉娅·莱芬拉特（Julia Reifenrath）女士；图书馆和约瑟夫·博伊斯档案馆，贝德堡-豪莫伊兰德城堡博物馆；柏林的奥根·布鲁姆博士；埃哈德·蒙登先生；圣地亚哥的约翰·C. 维奇曼（John C. Welchman）教授；利兹亨利·摩尔研究所的乔恩·伍德（Jon Wood）博士；纽黑文的玛蒂娜·卓斯（Martina Droth）博士；洛杉矶盖蒂研究所的工作人员，特别是弗吉尼亚·莫克斯拉维斯卡斯（Virginia Mokslaveskas）；哈佛艺术博物馆的伊莎贝拉·多纳迪奥（Isabella Donadio）；海登图书馆艺术书目编纂者，托马斯·格里弗斯（Thomas Grieves）在坦佩市搜集了大量关于博伊斯的研究资料；以及克莱沃州立大学和亚利桑那州立大学的众多艺术史、工作室和艺术教育学生，他们的好奇心和洞察力帮助我完成了这本书。最后，我感谢已故的激浪主义者沃尔夫·沃斯特尔，他教会我在面对约瑟夫·博伊斯的挑战时要有慷慨的精神和智慧。

著译者

作者｜ 克劳迪娅·梅施 CLAUDIA MESCH

亚利桑那州立大学艺术史教授。她的著作包括《柏林墙的现代艺术》(2009年）和《艺术与政治：1945年以来社会变革艺术小史》(2013年）。她是《超现实主义与美洲》杂志的创始编辑，现居亚利桑那州凤凰城。

译者｜ 张蕴艳

文艺学博士，上海交大人文学院副教授，多所国外大学访问学者。从事二十世纪中西文论的比较研究。

图书在版编目（CIP）数据

约瑟夫·博伊斯/(美)克劳迪娅·梅施著；张蕴艳译.
-- 上海：上海文艺出版社，2023
（知人系列）
ISBN 978-7-5321-8446-0
Ⅰ.①约… Ⅱ.①克… ②张… Ⅲ.①约瑟夫·博伊斯—传记 Ⅳ.①K835.165.72
中国版本图书馆CIP数据核字(2022)第194870号

Joseph Beuys by Claudia Mesch was first published by Reaktion Books,
London, UK, 2017, in the Critical Lives Series.
Copyright © Claudia Mesch, 2017
著作权合同登记图字：09-2020-069号

发 行 人：毕　胜
责任编辑：崔　莉
封面设计：朱云雁

书　　名：约瑟夫·博伊斯
作　　者：[美]克劳迪娅·梅施
译　　者：张蕴艳
出　　版：上海世纪出版集团　　上海文艺出版社
地　　址：上海市闵行区号景路159弄A座2楼　201101
发　　行：上海文艺出版社发行中心
　　　　　上海市闵行区号景路159弄A座2楼206室　201101　www.ewen.co
印　　刷：浙江中恒世纪印务有限公司
开　　本：787×1092　1/32
印　　张：4.875
插　　页：3
字　　数：107,000
印　　次：2023年3月第1版　2023年3月第1次印刷
I S B N：978-7-5321-8446-0/K.460
定　　价：39.00元
告 读 者：如发现本书有质量问题请与印刷厂质量科联系　T:0571-88855633

I 知人
cons

知人系列

爱伦·坡:有一种发烧叫活着
塞林格:艺术家逃跑了
梵高:一种力量在沸腾
卢西安·弗洛伊德:眼睛张大点
阿尔弗雷德·希区柯克:他知道得太多了
大卫·林奇:他来自异世界
汉娜·阿伦特:活在黑暗时代

弗吉尼亚·伍尔夫
伊夫·克莱因
伦纳德·伯恩斯坦
兰波
塞缪尔·贝克特
约瑟夫·博伊斯
贝托尔特·布莱希特
德里克·贾曼
康斯坦丁·布朗库西

（即将推出）

可可·香奈儿

谢尔盖·爱森斯坦

三岛由纪夫

乔治亚·欧姬芙

马拉美

索伦·克尔凯郭尔

巴勃罗·聂鲁达

赫尔曼·麦尔维尔

伊戈尔·斯特拉文斯基

托马斯·曼

维克多·雨果